Alessandro **Alfani** • Eleonora **Lupo**

W0381359

arriva l'estate

2

ARDEA **EDITRICE**

Via Capri, 67 - 80026 Casoria (Napoli)
Tel. 081-7599674 fax 081-2509571

www.ardeaeditrice.it
e-mail ardeaeditrice@tin.it

Codice ISBN - 978-88-8397-452-6

Ideazione, progettazione e realizzazione: curvilinee
Art Director: Gianfranco De Angelis
Redazione: Riccardo Sinno
Illustrazioni: Giovanni Abeille
Impaginazione: Luca Esposito
Stampa: Arti Grafiche Italo Cernia - 2017

Ristampe 2020 2019 2018 2017 1 2 3 4 5

Questo volume è stato stampato presso - Arti Grafiche Italo Cernia - Via Capri, 67 - Casoria (NA)

AZIENDA CON SISTEMA
DI GESTIONE QUALITÀ
CERTIFICATO DA DNV
= ISO 9001 =

indice

Quinta settimana

Sesta settimana

Settima settimana

Ottava settimana

L'ALFABETO

Riscrivi le seguenti parole in ordine alfabetico.

valigia • duna • aquilone • estate • uva • nuoto • gondola • hotel • fiore • bicicletta • lido • zebra • quaglia • maglietta • pattini • rastrello • secchiello • istrice • tromba • cavalletta • onda

Scrivi la lettera che viene prima e quella che viene dopo.

....	D	....
....	Q	....
....	S	....
....	B	....

....	E	....
....	C	....
....	L	....
....	H	....

....	P	....
....	I	....
....	X	....
....	F	....

Cancella gli intrusi da ciascun gruppo con una ✘.

VOCALI	LETTERE STRANIERE	CONSONANTI
E L I F	K Z W Y	C S O G
O B A U	V J H X	A Z M I

Completa con la lettera giusta.

- Luca e Giorgia giocano in giar.....ino.

- Non dimenticare di prendere lo .....aino.

- Fabrizia indossa una maglia .....ianca.
- Fai attenzione quando usi il co.....tello.

- Quel .....iore è proprio bello!

- A Roberto piace tanto il .....iele.

UNA LINGUA MISTERIOSA

Leggi il brano, poi rispondi alle domande che seguono.

– O ti suisse tristenbad pir maleste ceste...
Così si sentiva parlare per le strade, e uno rispondeva con entusiasmo: – Famiste elle percaste donni...
– Ma che lingua parlano? – si chiedevano i pochi turisti che capitavano in quel paese del tutto sconosciuto. – Tedesco non è, francese nemmeno, che sia giapponese?
– Macché, io il giapponese un pochino lo conosco, non gli somiglia neanche lontanamente.
Intanto passava una signora e diceva al figlio: – Odesse smese trafiri arcunte...
E il figlio approvava entusiasta: – Roè roè, cirì ciriè!
Insomma, tutti si capivano benissimo, ma quale lingua parlassero nessun forestiero riusciva a indovinarlo. Finché la cosa giunse all'orecchio di un famoso professore che conosceva tutte le lingue del mondo. Il professore corse subito in quel paese. Per settimane ascoltò la gente, registrò lunghe conversazioni e poi, chiuso in albergo, le studiò giorno e notte, ma niente, non riusciva a capire. Raddoppiò gli sforzi e dimezzò le ore di sonno. Possibile che non riuscisse a decifrare quella lingua? Quel mistero lo tormentava. Ma un giorno cacciò un grido di gioia: aveva scoperto il segreto di quella lingua!

Corse in strada e cominciò a parlare a tutti quelli che passavano.
– Purina tina checchettina! – gridava.
E quelli gli rispondevano subito: – Occiana tana tartana! – e giù strette di mano. Si capivano benissimo. Il professore era entusiasta: sentiva di aver fatto la sua più grande scoperta, svelato il segreto di una lingua straordinaria e al tempo stesso facilissima. Per parlarla e capirla, infatti, bisognava soltanto inventare le parole. «Questa eccezionale scoperta» scrisse la sera stessa nel suo diario «mi conferma che per intendersi non è indispensabile tanto la conoscenza delle lingue quanto la buona volontà di capirsi».

Marcello Argilli

- Qual è il significato della parola *forestiero*?

....

- Il professore all'inizio non riesce a decifrare la lingua misteriosa. Trova tu una parola che può sostituire il verbo *decifrare*.

....

- Nel suo diario il professore scrive: "per intendersi non è indispensabile tanto la conoscenza delle lingue quanto la buona volontà di capirsi". Che cosa ne pensi tu?

....

....

....

....

DECINE E UNITÀ

Raggruppa per 10, registra nella tabella e scrivi il numero in lettere. Osserva l'esempio.

da	u
1	3

tredici

da	u
....	....

....

da	u
....	....

....

da	u
....	....

....

da	u
....	....

....

da	u
....	....

....

SULL'ABACO

Rappresenta il numero sull'abaco e completa. Osserva l'esempio.

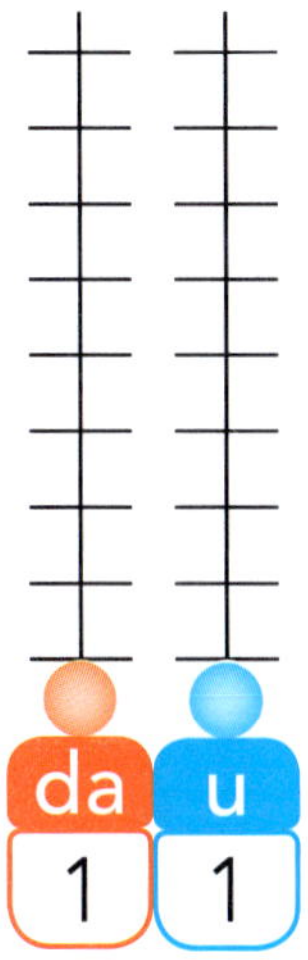

1 da e 1 u = 11

10 + 1 = 11

undici

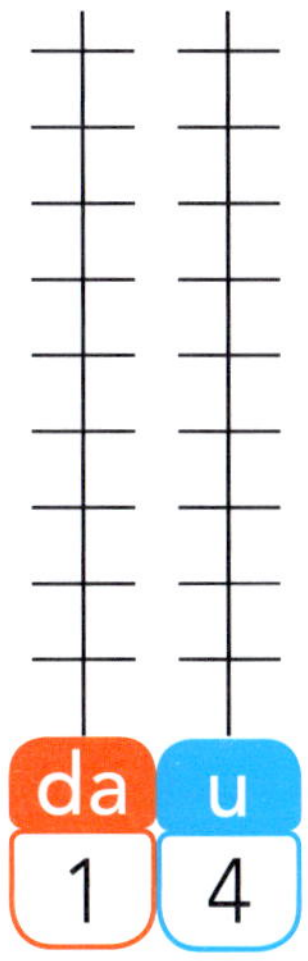

.... da e .... u = ...

.... + ... = ...

....

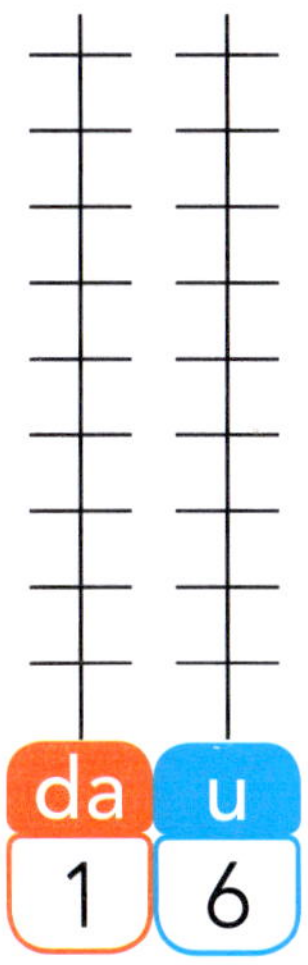

.... da e .... u = ...

.... + ... = ...

....

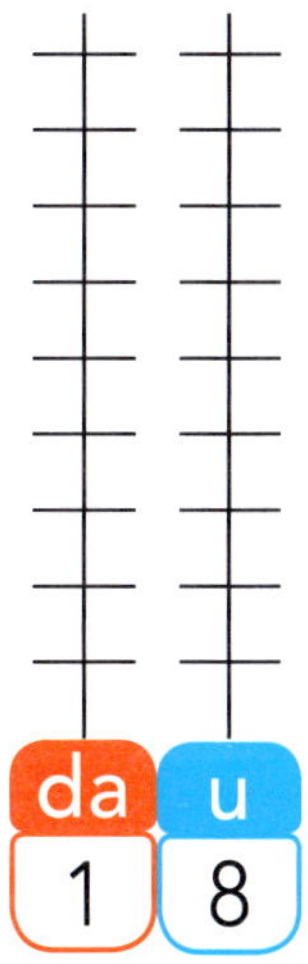

.... da e .... u = ...

.... + ... = ...

....

Scrivi il numero rappresentato sull'abaco.

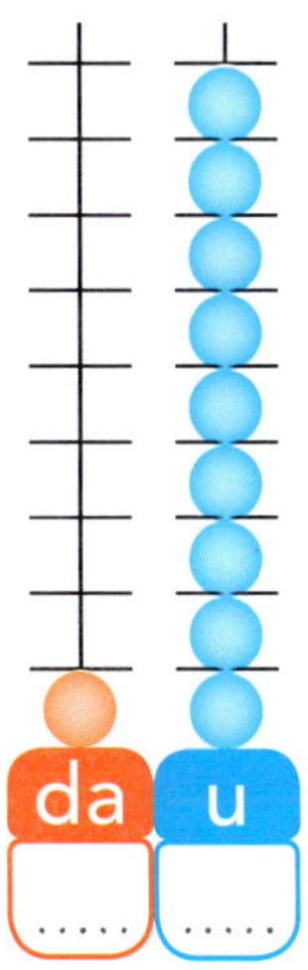

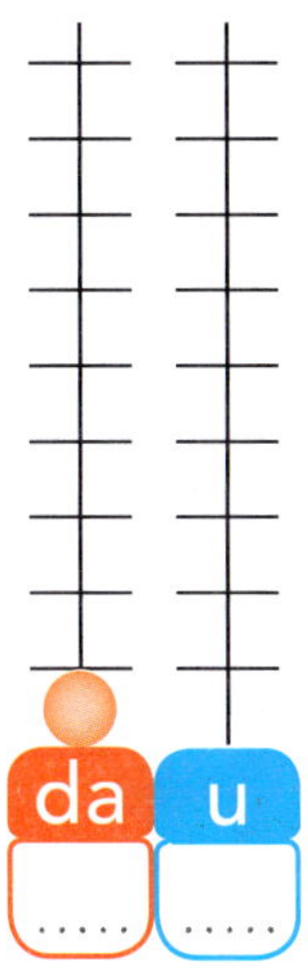

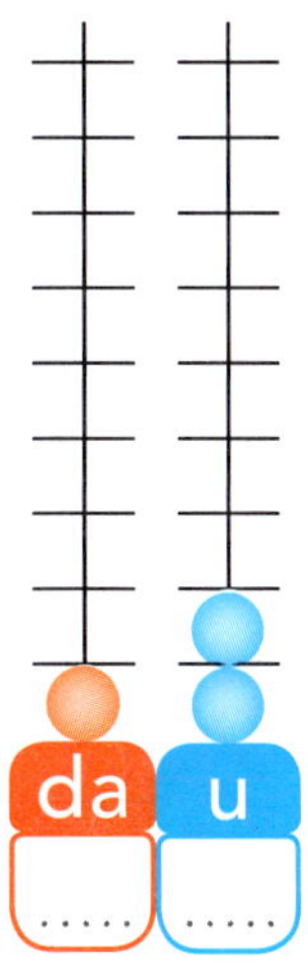

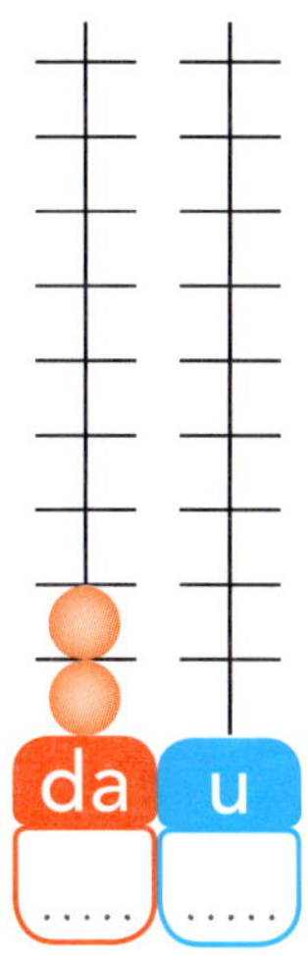

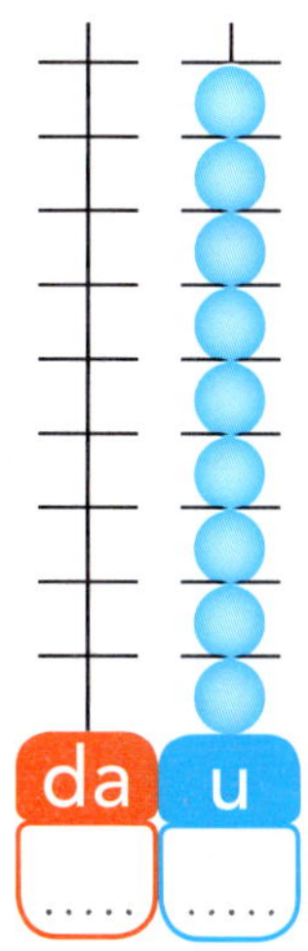

I NUMERI FINO A 50

Completa con i numeri da 20 a 30.

Scrivi il numero precedente e il numero successivo.

....	26	....	....	22	....	....	24	....
....	25	....	....	27	....	....	23	....

Completa con i numeri da 30 a 40.

Scrivi il numero che sta al centro.

38	....	40	36	....	38	30	....	32
34	....	36	31	....	33	37	....	39

Completa con i numeri da 40 a 50.

Raggruppa per 10, registra e scrivi il numero in lettere. Osserva l'esempio.

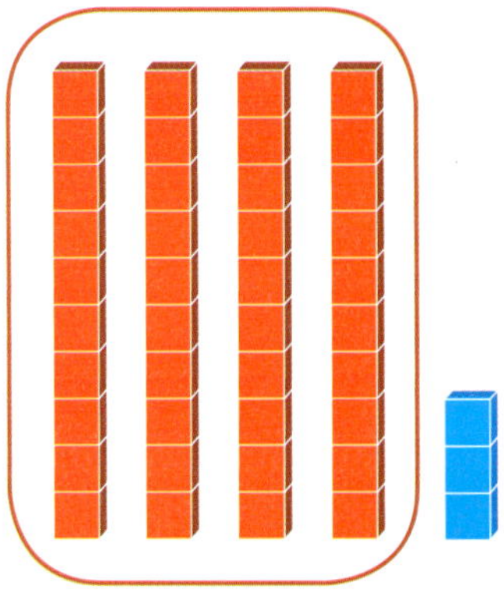

4 da e 3 u = 43
40 + 3 = 43
quarantatré

...... da e ...... u = ...
...... + ... = ...
....

...... da e ...... u = ...
...... + ... = ...
....

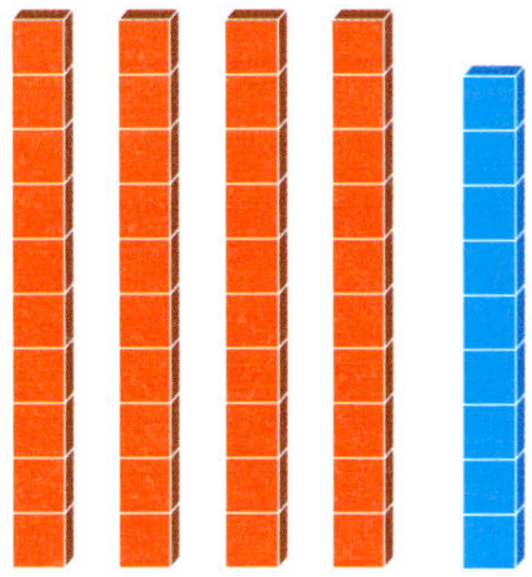

...... da e ...... u = ...
...... + ... = ...
....

Completa con i numeri da 50 a 60.

Completa le tabelle. Osserva gli esempi.

Aggiungi 1 da		
50	→	60
38	→	....
45	→	....
37	→	....

Aggiungi 2 da		
40	→	60
37	→	....
22	→	....
39	→	....

Togli 1 da		
60	→	50
58	→	....
46	→	....
57	→	....

Togli 2 da		
60	→	40
49	→	....
50	→	....
56	→	....

MAGGIORE, MINORE, UGUALE

Osserva i palloncini e in ognuno cerchia di rosso il numero maggiore e di blu il numero minore.

Completa con il simbolo giusto (>, <, =).

35	....	34
43	....	43
57	....	56

49	....	50
37	....	37
30	....	28

31	....	32
53	....	53
48	....	47

Riscrivi i numeri in ordine decrescente.

26	40	33	60	37	45	55	31
....	....	....	....	....	....	....	....

RITMI E SEQUENZE

Completa le catene numeriche.

	+2	+2	+2	+2	+2	+2
25	....	....	....	....	....	....

	–2	–2	–2	–2	–2	–2
60	....	....	....	....	....	....

	+3	+3	+3	+3	+3	+3
37	....	....	....	....	....	....

	–3	–3	–3	–3	–3	–3
40	....	....	....	....	....	....

Scopri il ritmo e continua.

	+	+	+	+	+	+ ....
5	10	15	20	....	....	....

	+	+	+	+	+	+ ....
13	16	19	22	....	....	....

	–	–	–	–	–	– ....
57	55	53	51	....	....	....

LA SUCCESSIONE

Osserva le immagini e mettile in ordine. Numera da 1 a 6.

Ora riassumi brevemente la storia che hai messo in ordine.

....

....

....

....

....

CAUSA ED EFFETTO

Osserva le immagini, leggi e collega con una freccia ciascuna **causa** al suo **effetto**.

Lucia racconta una barzelletta.

Riccardo fa goal.

Maria fa cadere il bicchiere.

Valerio apre la gabbietta.

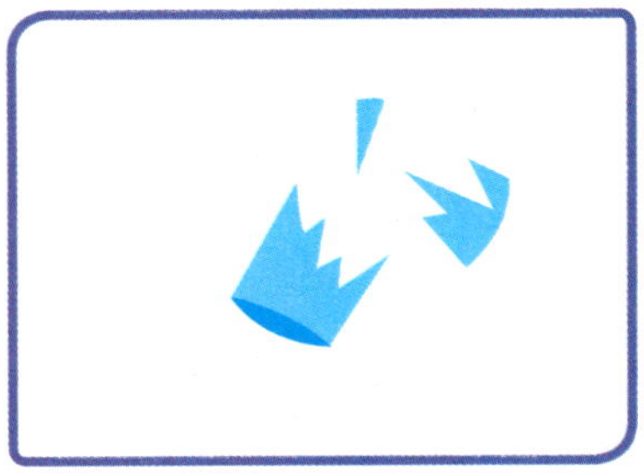

Completa le frasi scrivendo **perché** o **perciò**.

Susanna prende l'ombrello .... piove a dirotto.

Oggi è il compleanno di Sabrina .... Martino le compra un regalo.

Mattia va al mare .... è una splendida giornata.

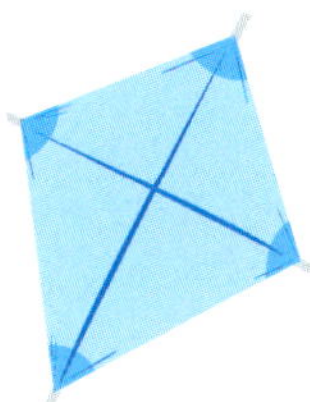

Oggi c'è un leggero venticello .... Ruggero prende il suo aquilone.

NATURE

Collega i nomi alle immagini giuste e riscrivili.

flower | tree | cloud | moon

....

....

....

....

....

....

....

....

leaf | grass | plant | sun

NEI CAMPI

Osserva il dipinto e rispondi alle domande.

Vincent Van Gogh,
In Provenza

- Che cosa è rappresentato nel dipinto?

....

- Che cosa c'è al centro?

....

- Che cosa c'è in fondo?

....

- Quali sono i colori prevalenti?

....

- Sono colori caldi o freddi? Primari o secondari?

....

I SUONI DURI DELLA C

Leggi il brano e cerchia i suoni duri della c.

Che confusione!

Nella camera di Monica è tutto in disordine. I cuscini sono sui comodini, la coperta è finita sotto il letto assieme alla cartella, i cassetti dell'armadio sono tutti aperti e i calzini sono sparsi qua e là. E per di più, Davide, il fratellino di Monica, ha lasciato le sue macchinine colorate dovunque. Che confusione! Chi metterà in ordine adesso?

Scrivi le parole con ca, co, cu, che, chi del brano precedente nel riquadro giusto.

CA - CO - CU	CHE - CHI
....	....
....	....
....	....
....	....
....	....

Leggi e completa, come nell'esempio.

uno		tanti	uno		tanti
barca	→	barche	bruco	→	....
fico	→	....	arco	→	....
foca	→	....	elica	→	....

I SUONI DOLCI DELLA C

Pronuncia i nomi di ciascun disegno, poi scrivili nel contenitore giusto. Cominciano tutti con **ce** o con **ci**.

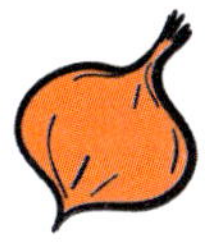

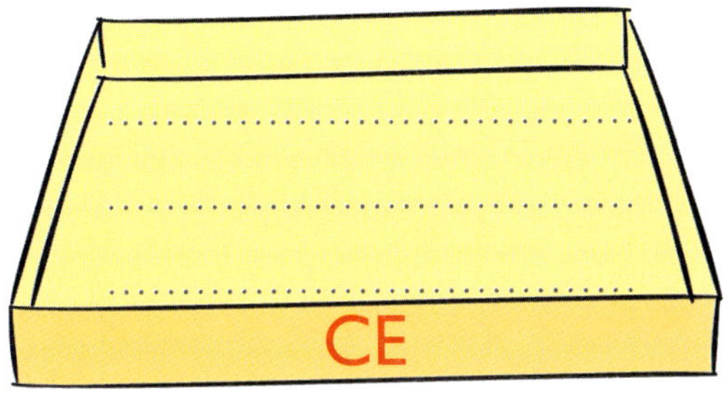

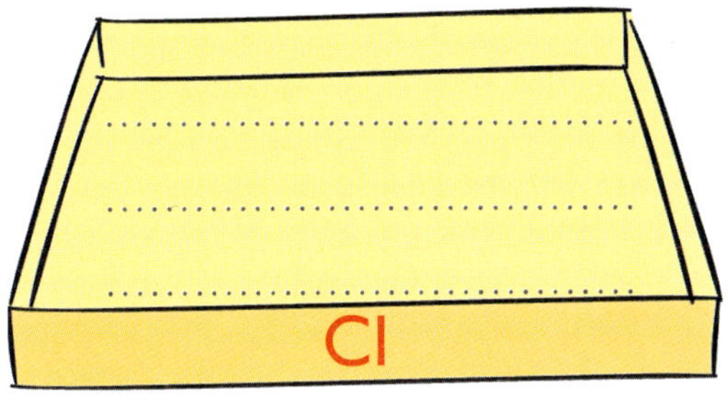

Pronuncia i nomi di ciascun disegno e completa, come nell'esempio.

dolce

dolci

....

....

....

....

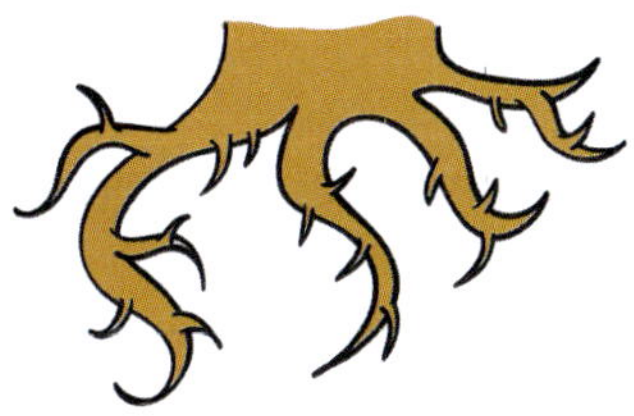
....

....

Completa le frasi con le parole elencate.

superficie • sufficiente • grattacielo

- Quel .... è davvero molto alto.
- La tua risposta non è ....
- La bottiglia galleggia sulla .... dell'acqua.

VECCHI PROVERBI

Leggi il brano, poi rispondi alle domande che seguono.

– Di notte, – sentenziava un Vecchio Proverbio, – tutti i gatti sono bigi.
– E io son nero, – disse un gatto nero attraversando la strada.
– È impossibile: i Vecchi Proverbi hanno sempre ragione.
– Ma io sono nero lo stesso, – ripeté il gatto.

Per la sorpresa e per l'amarezza il Vecchio Proverbio cadde dal tetto e si ruppe una gamba.

Un altro Vecchio Proverbio andò a vedere una partita di calcio, prese da parte un giocatore e gli sussurrò nell'orecchio: – Chi fa da sé fa per tre!

Il calciatore provò a giocare al pallone da solo, ma era una noia da morire e non poteva vincere mai, perciò fece ritorno in squadra. Il Vecchio Proverbio, per il disappunto, si ammalò e dovettero levargli le tonsille.

Una volta tre Vecchi Proverbi si incontrarono e avevano appena aperto bocca che cominciarono a litigare:
– Chi bene incomincia è a metà dell'opera, – disse il primo.
– Niente affatto, – disse il secondo, – la virtù sta nel mezzo.
– Gravissimo errore, – esclamò il terzo, – il dolce è in fondo.

Si presero per i capelli e sono ancora là che se le danno.

Poi c'è la storia di quel Vecchio Proverbio che aveva voglia di una pera, e si mise sotto l'albero, e intanto pensava: «Quando la pera è matura casca da sé».

Ma la pera cascò soltanto quando fu marcia fradicia, e si spiaccicò sulla zucca del Vecchio Proverbio, che per il dispiacere diede le dimissioni.

Gianni Rodari, *Favole al telefono*, Einaudi

- Un vecchio proverbio dice: *Chi fa da sé fa per tre*. Che cosa ne pensi? È vero? Oppure è meglio provare a collaborare con gli altri?

....

....

....

- Commenta questo proverbio: *Chi bene incomincia è a metà dell'opera*.

....

....

....

- Che cosa significa secondo te il proverbio: *Quando la pera è matura casca da sé*?

....

....

....

- Conosci un proverbio? Se non lo conosci chiedi ai tuoi genitori di dirtene uno. Poi scrivilo e spiegane il significato.

....

....

....

I NUMERI FINO A 100

➔ Completa con i numeri **da 60 a 70**.

60	....	....	....	64	....	....	....	....	....	....

➔ Scrivi il numero che sta al centro.

61	....	63
67	....	69
64	....	66
60	....	62
68	....	70
66	....	68

➔ Completa con i numeri **da 70 a 80**.

70	....	....	....	....	75	....	....	....	....	....

➔ Scrivi il numero **precedente** e il numero **successivo**.

....	74	....
....	75	....
....	76	....
....	72	....
....	73	....
....	77	....

➔ Completa con i numeri **da 80 a 90**.

80	....	....	....	....	....	....	87	....	....	....

Completa le tabelle. Osserva gli esempi.

Aggiungi 1 da		
80	→	90
78	→	....
65	→	....
77	→	....

Aggiungi 2 da		
70	→	90
67	→	....
52	→	....
69	→	....

Togli 1 da		
90	→	80
88	→	....
76	→	....
87	→	....

Togli 2 da		
90	→	70
89	→	....
70	→	....
86	→	....

Completa con i numeri da 90 a 100.

90 .... 96 ....

Raggruppa per 10, registra e scrivi il numero in lettere. Osserva l'esempio.

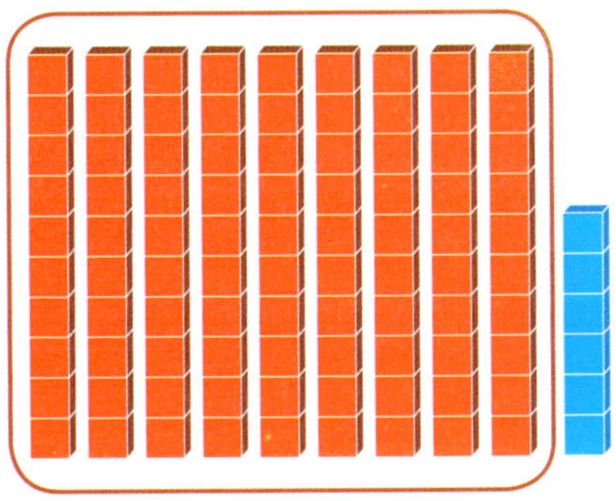

9 da e 6 u = 96
90 + 6 = 96

novantasei

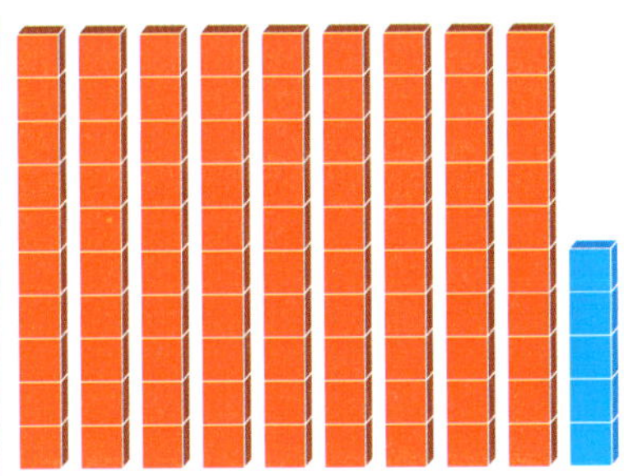

...... da e ...... u = ...
...... + ... = ...

....

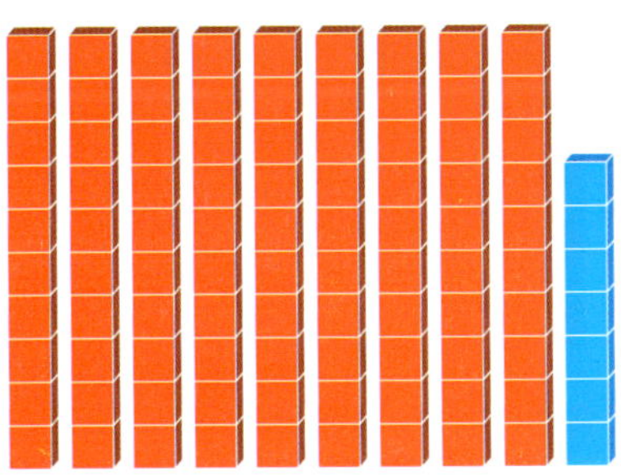

...... da e ...... u = ...
...... + ... = ...

....

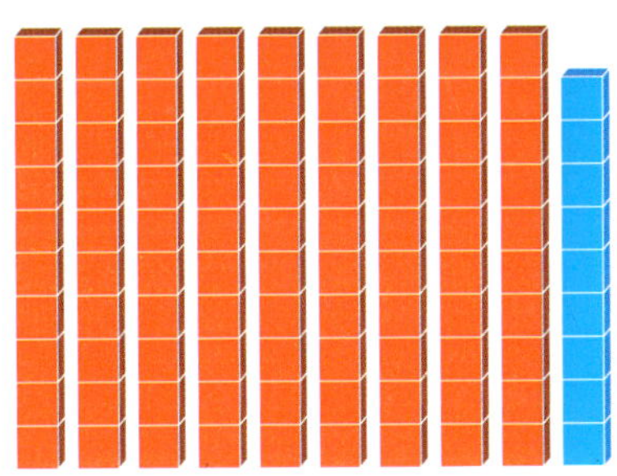

...... da e ...... u = ...
...... + ... = ...

....

IL CENTINAIO

Raggruppa 10 decine e cambiale con un centinaio, poi registra nella tabella. Osserva l'esempio.

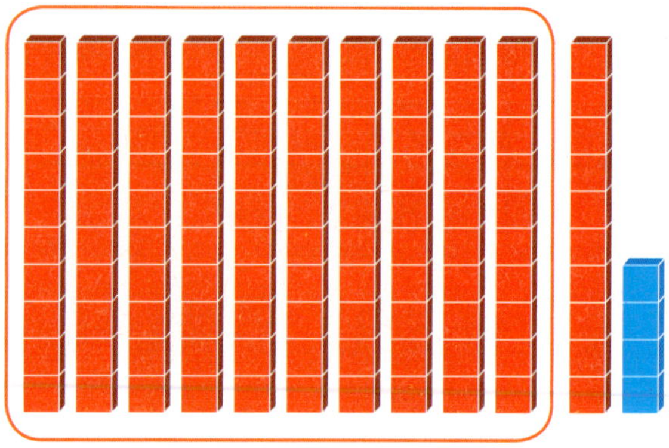

h	da	u
1	1	4

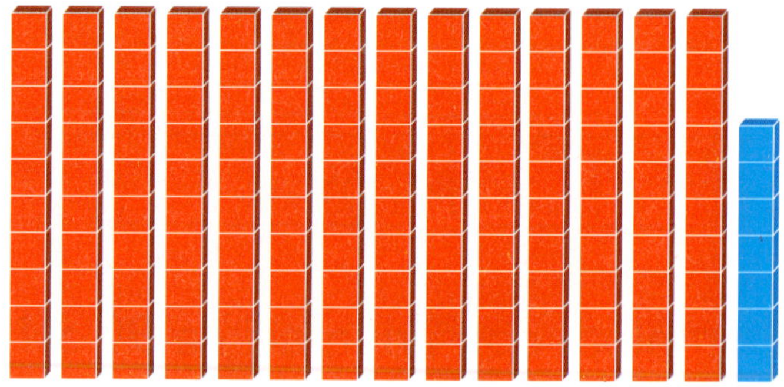

h	da	u
....	....	....

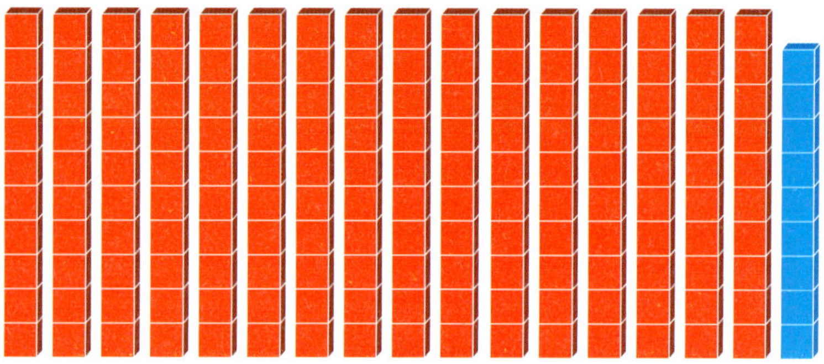

h	da	u
....	....	....

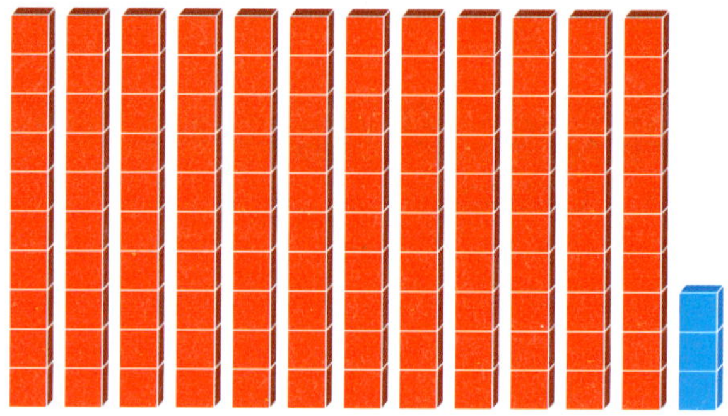

h	da	u
....	....	....

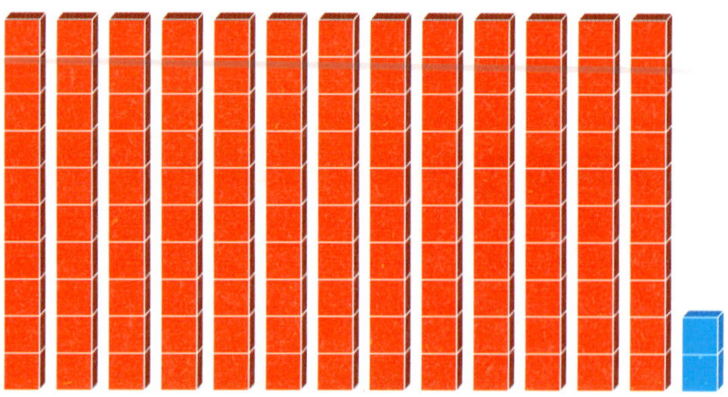

h	da	u
....	....	....

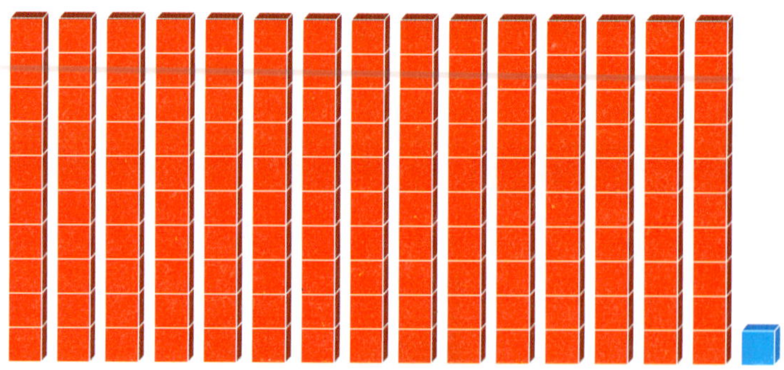

h	da	u
....	....	....

100 SULL'ABACO

➔ Rappresenta il numero sull'abaco e completa. Osserva l'esempio.

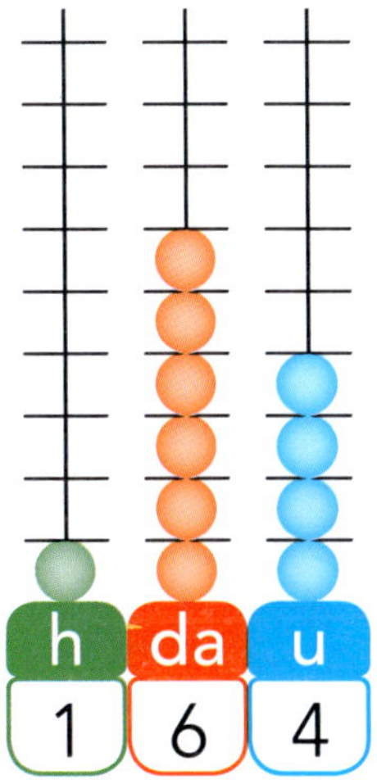

1 h, 6 da e 4 u = 164

100 + 60 + 4= 164

centosessantaquattro

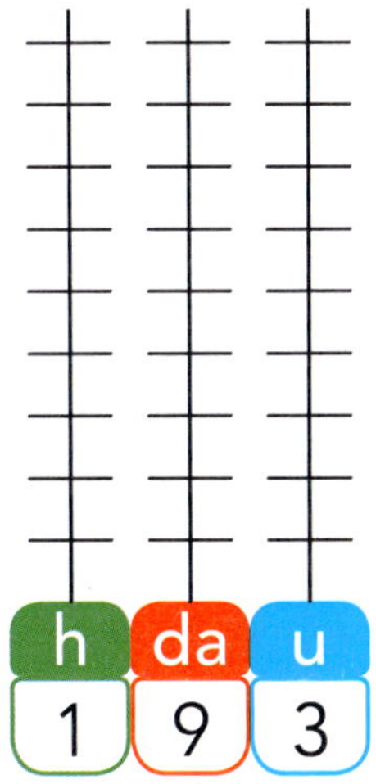

.... h, ... da e .... u
= ....

.... + ... + ...
= ....

....

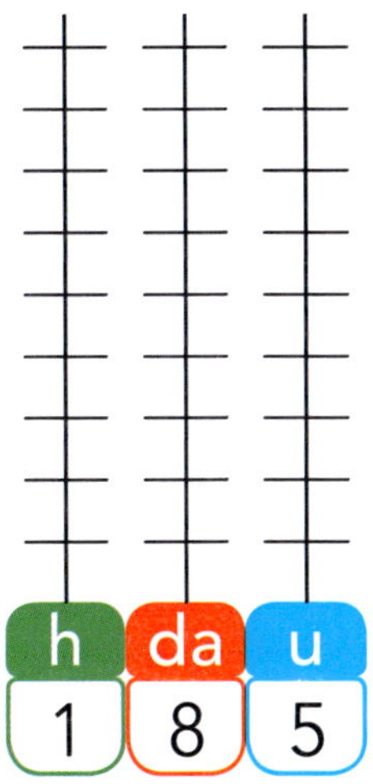

.... h, ... da e .... u
= ....

.... + ... + ...
= ....

....

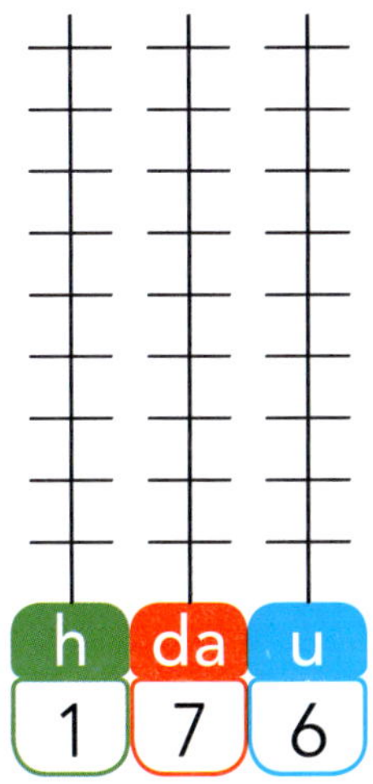

.... h, ... da e .... u
= ....

.... + ... + ...
= ....

....

➔ Scrivi il numero rappresentato sull'abaco.

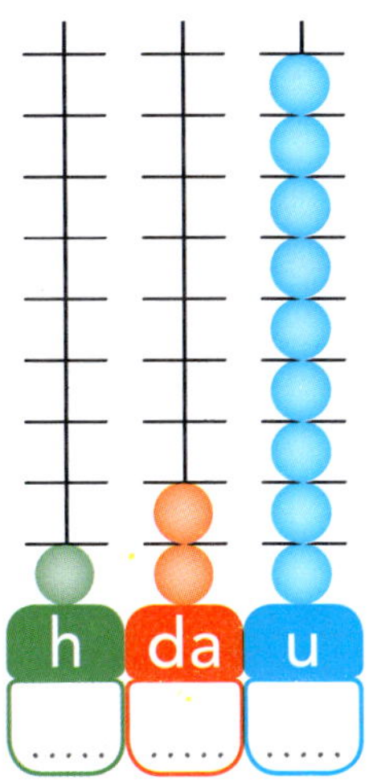

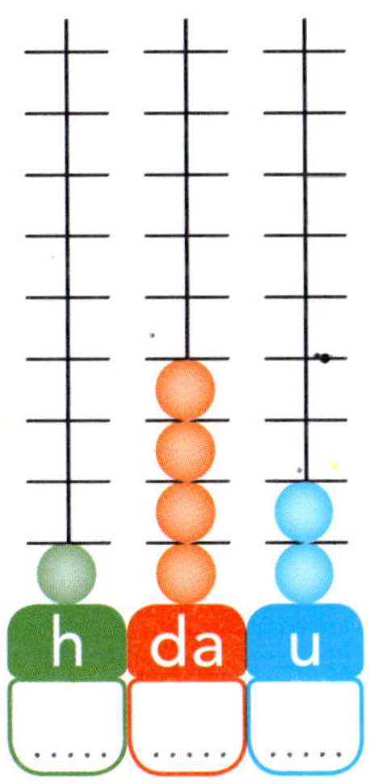

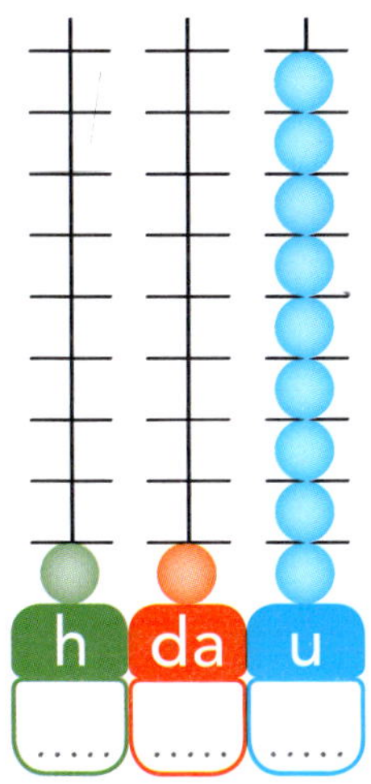

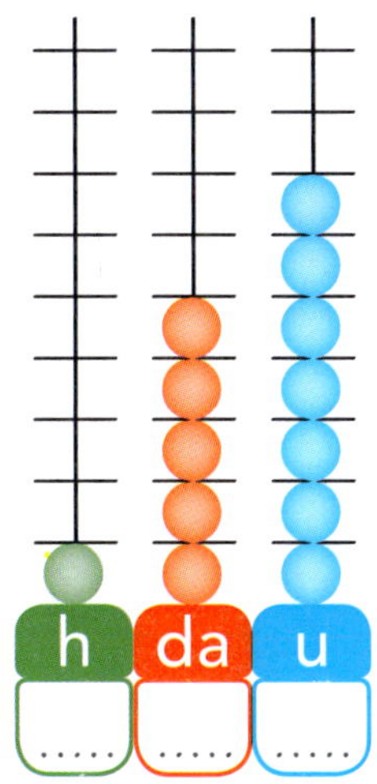

I NUMERI FINO A 199

Scrivi il numero precedente e il numero successivo.

....	165	....
....	143	....
....	189	....
....	100	....
....	198	....
....	152	....

Scrivi il numero che sta al centro.

153	....	155
176	....	178
122	....	124
116	....	118
184	....	186
137	....	139

Scomponi i seguenti numeri in h, da e u.

146	=	.... h .... da .... u
187	=	....
115	=	....
99	=	....
100	=	....
136	=	....
159	=	....
128	=	....
167	=	....
179	=	....

Ricomponi i seguenti numeri.

1h 2da 3u	=	....
6da 5u 1h	=	....
9u 1h 9da	=	....
1h 4u 7da	=	....
6u 1h	=	....
8da 1u	=	....
5da 1h 2u	=	....
4u 1da 1h	=	....
5h 4da 3u	=	....
3u 3da	=	....

MAGGIORE, MINORE, UGUALE

In ogni canotto colora di rosso il numero maggiore e di blu il numero minore.

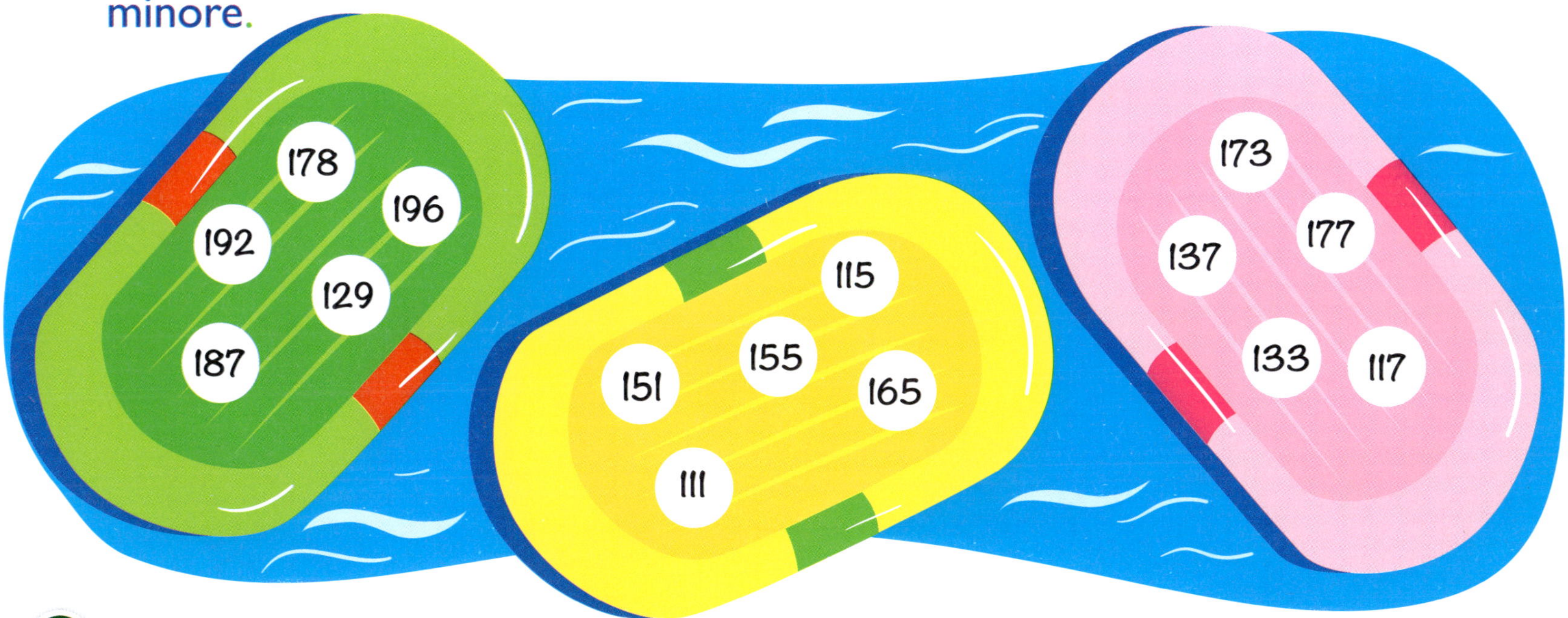

Completa con il simbolo giusto (>, <, =).

178	....	177
169	....	170
113	....	113

152	....	153
144	....	143
121	....	122

137	....	137
100	....	100
183	....	184

Riscrivi i numeri in ordine crescente.

189 115 163 175 126 142 88 199

....

Riscrivi i numeri in ordine decrescente.

163 154 127 174 198 164 117 116

....

VISTI DALL'ALTO

Colora solo le immagini viste dall'alto.

Collega con una freccia ogni oggetto alla sua forma vista dall'alto.

Osserva con attenzione e disegna gli oggetti visti dall'alto.

Osserva la casa di Luca vista **dall'alto** e completa la legenda.

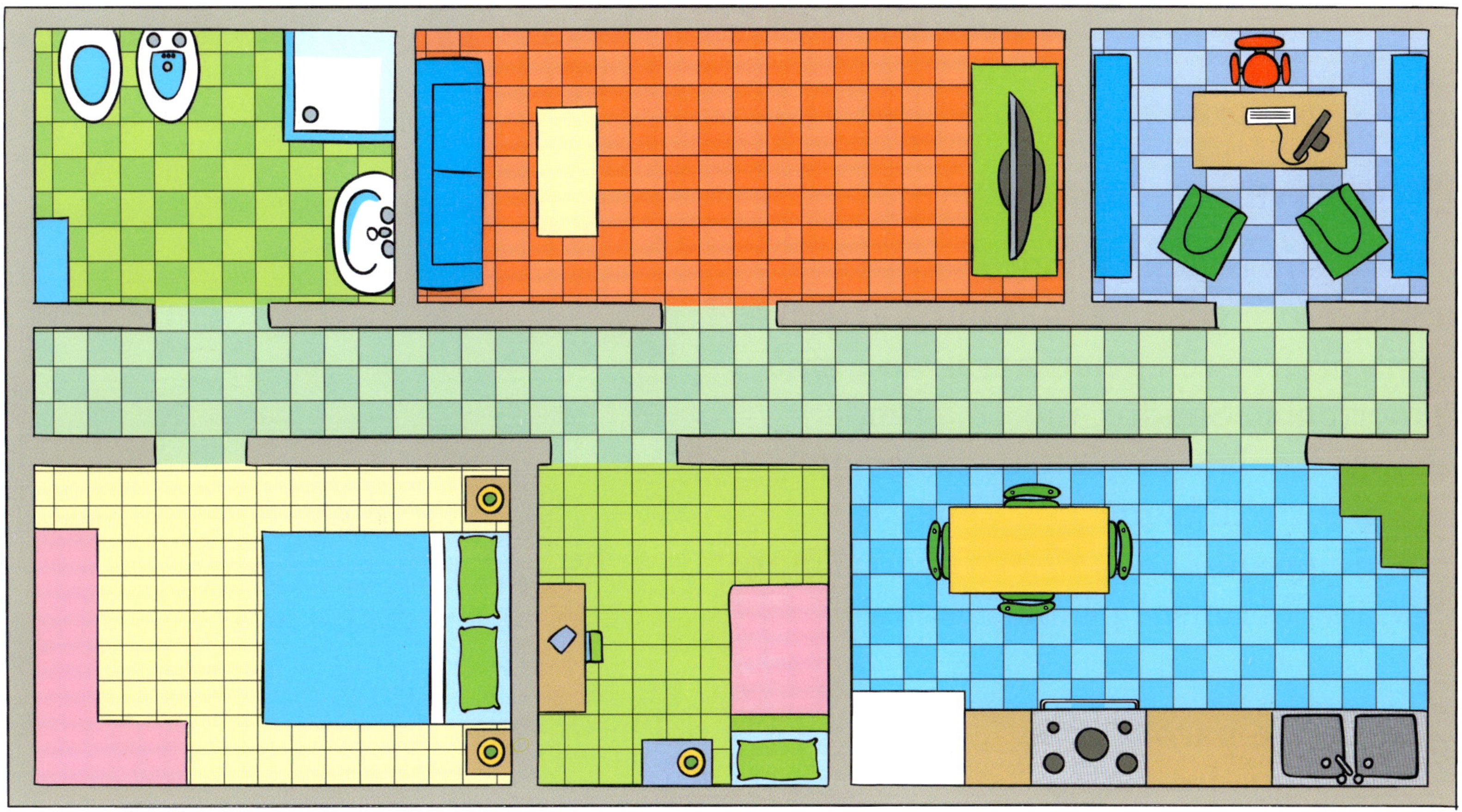

Legenda

è la	è la	è la	è il	è la ....

Completa le frasi con le parole che seguono.

a destra della • di fronte alla • vicino al • a sinistra della

- Lo studio è .... cucina.
- La cucina è .... cameretta.
- La camera da letto è .... cameretta.
- Il salotto è .... bagno.

I SUONI DURI DELLA G

Leggi il brano e cerchia i suoni duri della g.

Che gara!

Lucia e suo fratello Sandro sono molto golosi. I loro gusti, però, sono diversi. Lucia preferisce i gelati a fragola e ama le meringhe. Sandro, invece, prende sempre il gelato al gusto di cioccolato ed è ghiotto di bignè alla crema. E quando prendono il gelato, fanno sempre a gara a chi finisce prima!

Scrivi le parole con ga, go, gu, ghe, ghi del brano precedente nel riquadro giusto.

GA - GO - GU	GHE - GHI
....	....
....	....
....	....
....	....
....	....

Leggi e completa.

uno		tanti	uno		tanti
mago	→	....	strega	→	....
spiga	→	....	drago	→	....
lago	→	....	maga	→	....

I SUONI DOLCI DELLA G

➔ Osserva l'immagine, completa la parola e collegala al gruppo adatto, come nell'esempio.

giraffa

........lato

........rasole

........sso

GE

GI

pu........le

an........lo

........glio

........melli

➔ Osserva le immagini e risolvi il cruciverba: sono tutte parole con gia, gio, giu. Nella colonna evidenziata comparirà il nome di un mese che comincia con…

1 

2 

3 

4 

5 

6 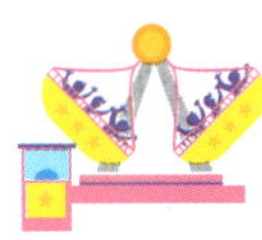

1 →								C	C	A	
2 →				C							
3 →						N	C	H			
4 →	V	A									
5 →				R			L	E			
6 →						S	T	R			

TELEDIPENDENZA

Leggi il brano, poi rispondi alle domande che seguono.

Allo zoo tutti gli animali, chiusi nelle gabbie, piangevano la libertà. Camminavano incessantemente su e giù per la gabbia, annusavano ovunque cercando un'apertura per fuggire, alcuni addirittura deperivano, perdevano il pelo e l'appetito e si accovacciavano intristiti, senza più muoversi.
Il direttore dello zoo ebbe un'idea. Che cosa fece? Li liberò? No, fece installare in ogni gabbia una televisione che trasmetteva programmi realizzati proprio per loro. Da quel momento la vita cambiò: tutti animali, senza più lamentarsi, cominciarono a seguire le trasmissioni con interesse. Erano documentari sulle savane, le giungle e i deserti da cui provenivano, e a tutti sembrava di viverci di nuovo.
Naturalmente le trasmissioni avevano effetti diversi: per antilopi e zebre i documentari sui leoni erano film del terrore; per i leoni, quelli su antilopi e zebre erano "programmi aperitivo".
Insomma, tutti erano interessati ai programmi e trascorrevano la giornata davanti al video.
Il direttore volle fare di più: ideò degli sceneggiati che ebbero un enorme successo. Si intitolavano: *Come ingannare il cacciatore, Il giorno che mangiai il domatore* e altri ancora. Gli animali, sognando a occhi aperti, si immedesimarono nei protagonisti, battevano le zampe, facevano il tifo.
Per perfezionare la sua idea, il direttore commissionò una nuova serie di telefilm dal titolo *Com'è bello vivere in gabbia*, nei quali si magnificava la bellezza della vita nello zoo, e quanto faceva bene alla salute, alla sicurezza e alla libertà.
A vederli, gli animali si commuovevano addirittura: – Eh, sì – dicevano – siamo proprio fortunati a vivere in gabbia...

Marcello Argilli

- Dov'è ambientata la storia?

....

- Chi sono i protagonisti?

....

- Qual è lo stato d'animo degli animali all'inizio della storia? E alla fine?

....

- Quali sono i programmi preferiti dai leoni? Perché?

....

....

- Per quali animali i documentari sui leoni sono film del terrore? Perché?

....

....

- Che cosa significa la parola *teledipendenza*? Perché secondo te l'autore ha scelto questo titolo per il suo racconto?

....

....

....

ADDIZIONI IN COLONNA

Esegui le addizioni in colonna. Osserva l'esempio.

15 + 12 = **27**

da	u	
1	5	+
1	2	=
2	7	

13 + 10 = ...

da	u	
......	......	+
......	......	=
......	......	

22 + 16 = ...

da	u	
......	......	+
......	......	=
......	......	

18 + 21 = ...

da	u	
......	......	+
......	......	=
......	......	

22 + 11 = ...

da	u	
......	......	+
......	......	=
......	......	

29 + 10 = ...

da	u	
......	......	+
......	......	=
......	......	

17 + 12 = ...

da	u	
......	......	+
......	......	=
......	......	

23 + 16 = ...

da	u	
......	......	+
......	......	=
......	......	

Esegui le addizioni, poi cambia l'ordine degli addendi e calcola. Osserva l'esempio.

1	5	+			3	+
	3	=		1	5	=
1	8			1	8	

2	6	+			....	+
	2	=		....	....	=
....	....			....	....	

1	0	+			....	+
	5	=		....	....	=
....	....			....	....	

	8	+		....	....	+
2	1	=			....	=
....	....			....	....	

Aggiungi le cifra che manca.

4 2 +		3 .... +		.... 5 +		5 5 +		6 6 +	
1 .... =		3 1 =		1 3 =		.... 4 =		.... =	
5 3		6 9		7 8		8 9		6 9	

8 4 +	3 .... +	.... 1 +	3 7 +	7 2 +
1 .... =	1 2 =	4 8 =	.... 0 =	2 .... =
9 5	4 4	6 9	7 7	9 5

Aggiungi l'addendo che manca.

3 9 +	.... +	1 9 +	.... +	2 2 +
.... =	4 3 =	.... =	7 2 =	.... =
5 9	8 7	8 9	9 8	7 5

.... +	6 8 +	.... +	.... +	6 4 +
1 0 =	.... =	8 2 =	5 6 =	.... =
6 0	7 8	9 3	6 7	7 8

ADDIZIONI CON L'ABACO

Esegui le addizioni con l'abaco. Disegna le palline, raggruppa, cambia e registra, poi scrivi il risultato. Osserva l'esempio.

15 + 8 = 23

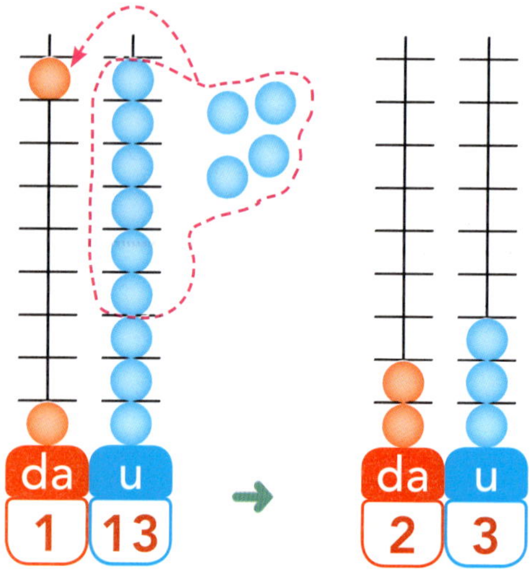

16 + 4 = ...

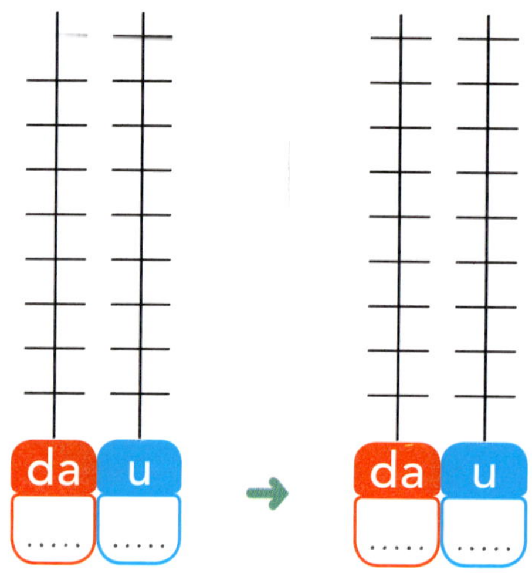

13 + 9 = ...

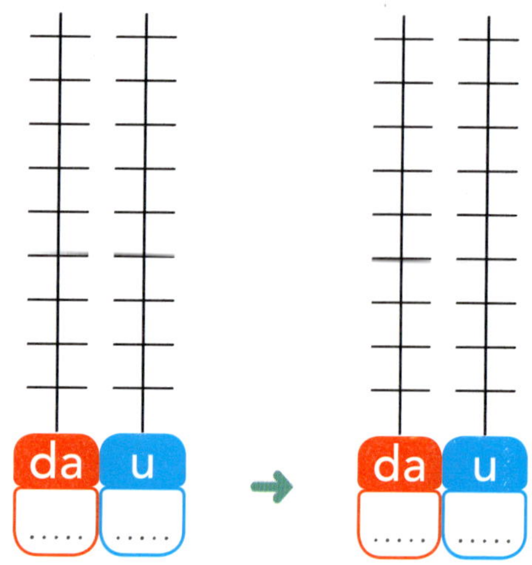

17 + 5 = ...

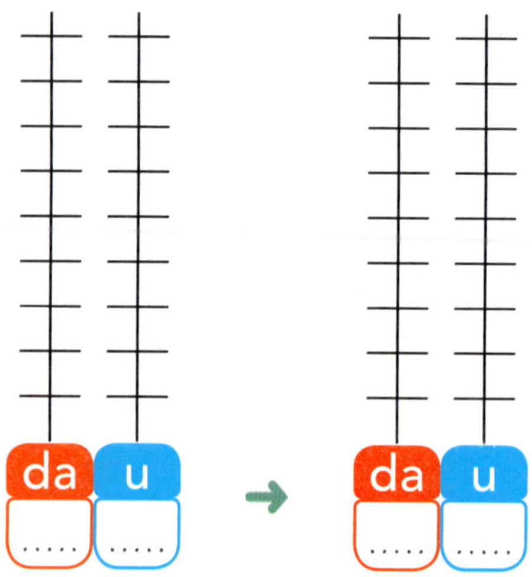

7 + 16 = ...

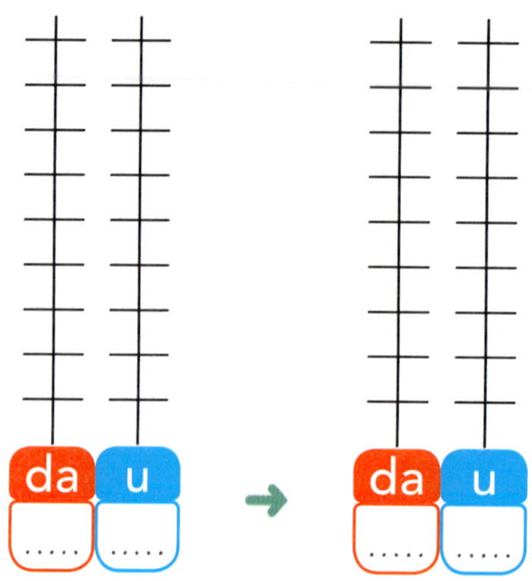

4 + 19 = ...

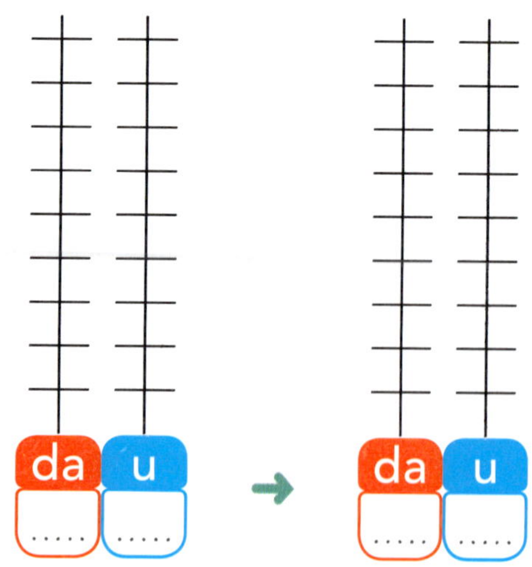

ADDIZIONI CON IL RIPORTO

Esegui le addizioni in colonna. Osserva l'esempio.

22 + 19 = **41**

da	u	
+1		
2	2	+
1	9	=
4	1	

15 + 76 = ...

da	u	
......	......	+
......	......	=
......	......	

38 + 18 = ...

da	u	
......	......	+
......	......	=
......	......	

42 + 49 = ...

da	u	
......	......	+
......	......	=
......	......	

56 + 6 = ...

da	u	
......	......	+
......	......	=
......	......	

73 + 17 = ...

da	u	
......	......	+
......	......	=
......	......	

66 + 16 = ...

da	u	
......	......	+
......	......	=
......	......	

81 + 9 = ...

da	u	
......	......	+
......	......	=
......	......	

77 + 14 = ...

da	u	
......	......	+
......	......	=
......	......	

43 + 29 = ...

da	u	
......	......	+
......	......	=
......	......	

12 + 19 = ...

da	u	
......	......	+
......	......	=
......	......	

8 + 29 = ...

da	u	
......	......	+
......	......	=
......	......	

LE STAGIONI

➔ Osserva le immagini e scrivi il nome delle **stagioni**.

....

....

....

....

➔ Completa scrivendo i nomi delle **stagioni**.

- L'.................................... inizia il 23 settembre e finisce il 22 dicembre.
- L'.................................... comincia il 21 giugno e finisce il 23 settembre.
- La .... inizia il 21 marzo e finisce il 21 giugno.
- L'.................................... comincia il 22 dicembre e finisce il 21 marzo.

➔ Scrivi in che **stagione** cade ciascuno dei mesi elencati.

aprile ....

ottobre ....

febbraio ....

luglio ....

maggio ....

novembre ....

SETTIMANE, MESI, ANNI

Completa scrivendo il giorno successivo.

Mercoledì ....

Venerdì ....

Domenica ....

Completa scrivendo il giorno precedente.

.... Martedì

.... Domenica

.... Sabato

Scrivi accanto a ciascun mese il numero di giorni di cui si compone.

Gennaio	....	Febbraio	....	Marzo	....	Aprile	....
Maggio	....	Giugno	....	Luglio	....	Agosto	....
Settembre	....	Ottobre	....	Novembre	....	Dicembre	....

Cancella l'intruso su ogni riga.

giovedì mercoledì sabato settembre domenica

agosto pomeriggio gennaio marzo dicembre

estate autunno maggio primavera inverno

LE PIANTE

Osserva i **frutti** e scrivi a che albero appartengono. Scegli dall'elenco che segue.

quercia • pino • castagno • nocciolo

....

....

....

....

Osserva le **foglie** e scrivi di che tipo sono. Scegli dall'elenco che segue.

palmata • lanceolata • cuoriforme • aghiforme

....

....

....

....

Collega le parti del **fiore** alle definizioni.

SEPALI	l'insieme dei petali
STAMI	le foglioline verdi che proteggono la corolla
COROLLA	si trova al centro della corolla
PISTILLO	filamenti sui quali si trova il polline

GLI ANIMALI

Osserva le immagini, collegale con una freccia ai nomi e alle definizioni. Segui l'esempio.

uccelli

pesci

mammiferi

insetti

anfibi

Vivono sia nell'acqua che sulla terraferma. Nascono da uova deposte nell'acqua.

Nascono da uova, vivono nell'acqua e hanno il corpo ricoperto da squame.

Hanno antenne e sei zampe. Nascono da uova. Alcuni hanno le ali.

Nascono da uova, hanno il corpo ricoperto da penne e ali per volare.

I piccoli nascono dal corpo della madre, che li allatta.

GN E NI

Nel riquadro sono nascoste cinque parole con **gn** e cinque parole con **ni**. Cercale da destra verso sinistra e dall'alto verso il basso e cerchiale. Poi scrivile nel riquadro giusto.

T	P	L	R	A	G	N	O	M	O	G
C	A	R	A	B	I	N	I	E	R	E
G	N	O	M	O	P	P	F	F	S	N
D	I	G	S	P	U	G	N	A	O	I
G	E	R	A	N	I	O	C	V	G	O
A	R	S	D	F	G	H	L	P	N	L
V	E	F	S	T	A	G	N	O	O	G
G	I	A	R	D	I	N	I	E	R	E

GN

....

....

....

....

....

NI

....

....

....

....

....

Osserva l'immagine, colora il cartellino giusto e riscrivi la parola.

fale | gna | gnia | me ....

cri | gnie | nie | ra ....

casta | gna | gnia | ....

ge | gnio | nio | ....

GL E LI

Osserva le immagini e risolvi il cruciverba: sono tutte parole con gl o li.
Nella colonna evidenziata comparirà un'altra parola con…

1 →											
2 →											
3 →											
4 →											
5 →											
6 →											
7 →			M								
8 →	P	E	T					E	R	A	
9 →			V								O

7. 

4. 

1. 

2. 

5. 

6. 

9. 

8. 

3. 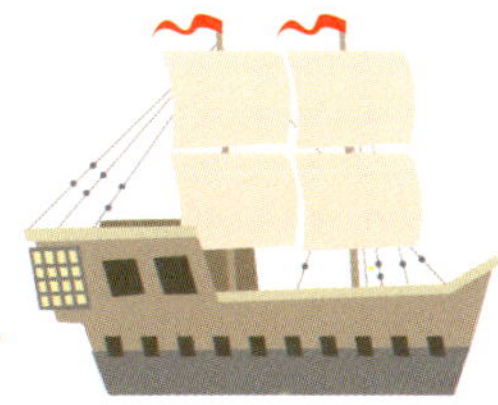

Osserva le immagini e segna con una ✗ la parola scritta in modo corretto.

- ▢ scoglio
- ▢ scolio

- ▢ sagliera
- ▢ saliera

- ▢ pagliaccio
- ▢ paliaccio

- ▢ itagliani
- ▢ italiani

sc

Osserva le immagini e completa le parole con sca, sco o scu.

..........iattolo ....la ....do ....pa ....rpa

Leggi e completa.

uno	tanti	uno	tanti
casco →	....	tasca →	....
mosca →	....	bosco →	....

Completa le frasi con sce o sci.

- La neve ....nde lentamente sulla città.
- È troppo tardi per u..........re.
- Ugo e la mamma attraversano sulle stri.......... pedonali.
- Improvvisamente ho visto una ....ntilla.

Risolvi gli indovinelli. Sono tutte parole con scia, scio o sciu.

La metti al collo quando fa freddo.

R P

Esiste quella di salvataggio.

L U P

Un piccolo serpente.

B

Ogni porta ne ha uno.

U

Può essere crudo o cotto.

P

SUONI DIFFICILI

Osserva e completa.

SB  ....adiglio

SP  ....ada

SV 

........eglia

TR  ....attore

DR  ....ago

SCR  ....igno

GR  ....otta

SL 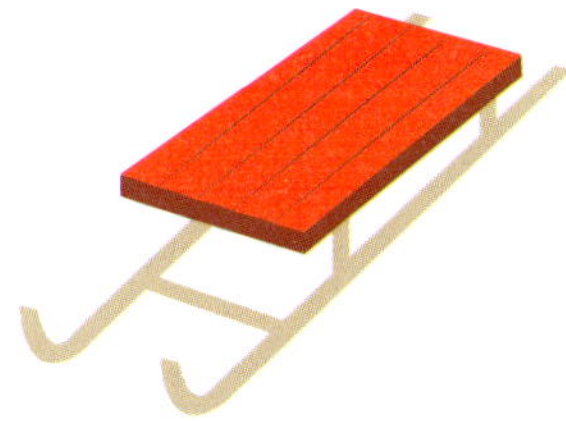 ....itta

ST  ....offa

SG  ....abello

PR  ca........a

FR  ....eccia

BR  ....accio

STR  ....ada

IL CORNO PORTASFORTUNA

Leggi il brano, poi rispondi alle domande che seguono.

Una volta tutte le bestie, compreso l'uomo, così come avevano due gambe, due occhi e due orecchie, avevano due corna sulla testa. Gli uomini al solito ne andavano fieri, ingioiellandole di fiori e conchiglie. Le usavano per spostare pesi, stringersi fra innamorati, scornarsi coi nemici; facevano capriole sulle corna e tornei con un cerchio di legno, che si infilava e rilanciava con un guizzo.

Un bel giorno, però, insuperbirono. E, come ogni tante ere usano fare, lanciarono la sfida al loro dio, che era una grande luna cornuta: "Ora saliamo e ti tiriamo giù di lì".

Cercarono alleati tra le bestie, facendo il giro dei boschi a reclutarle. Quasi tutte si montarono la testa e si unirono a loro. Solo gli erbivori placidi – buoi e bisonti e zebù, cervi e gazzelle e capre e tutti gli altri – girarono la testa ruminando: "Vi romperete le corna".

Gli umani non se ne dettero ragione, e costruirono una torre vertiginosa fatta di schiene pelose e teste animose, incastrate corna su corna fino al cielo.

Ma il dio luna, che ne sapeva una più di loro, vedendoli arrivare si gonfiò, divenne tonda come mai era stata. Per lo spavento la torre vacillò, e infine crollò. E i conquistatori ne furono scornati.

Nella caduta si ruppero tutti le corna così malamente che queste non crebbero più. I cumuli di corna stettero lì per millenni, e il vento li sommerse di terra, e divennero monti. Per la vergogna i più superbi tra i vinti, gli uomini e i leoni, si fecero crescere gran chiome per nascondere quelle teste disonorate.

E piano piano, eternità dopo eternità, gli umani scordarono tutto.

Ma da allora cominciarono a mangiarsi, fatte a bistecche, le bestie traditrici che non li avevano aiutati nell'impresa. E da allora portano corni appesi addosso, con la scusa della fortuna: mentre forse, chissà, gli ricordano quei tempi fortunati, quando bastava dare una scrollata di testa per tirar giù le frutta dai rami.

Ora invece si sposta solo il ciuffo. Peccato, però.

Bruno Tognolini

- Tanto tempo fa gli uomini avevano una cosa che oggi non hanno più (almeno secondo il racconto). Quale?

- Che cosa significa che un bel giorno gli uomini "insuperbirono"? Che cosa indica questa parola?

- Quali animali si alleano agli uomini nell'impresa di tirare giù la grande luna cornuta? Quali, invece, rifiutano di partecipare?

- Che cosa divennero dopo millenni i cumuli di corna formatisi in seguito al fallimento dell'impresa?

- Che cosa fecero gli uomini e i leoni dopo aver perso le corna?

- Perché secondo te l'autore ha scelto per il suo racconto il titolo *Il corno portasfortuna*?

SOTTRAZIONI IN COLONNA

Esegui le sottrazioni in colonna. Osserva l'esempio.

34 – 13 = 21

da	u	
3	4	–
1	3	=
2	1	

27 – 11 = ...

da	u	
......	......	–
......	......	=
......	......	

18 – 6 = ...

da	u	
......	......	–
......	......	=
......	......	

32 – 10 = ...

da	u	
......	......	–
......	......	=
......	......	

46 – 25 = ...

da	u	
......	......	–
......	......	=
......	......	

57 – 36 = ...

da	u	
......	......	–
......	......	=
......	......	

65 – 34 = ...

da	u	
......	......	–
......	......	=
......	......	

79 – 18 = ...

da	u	
......	......	–
......	......	=
......	......	

Collega con una freccia ogni sottrazione al suo risultato.

15 – 5

32 – 10

35 – 2

28 – 7

28 – 4

16 – 4

21

10

12

33

24

22

SOTTRAZIONI CON L'ABACO

➔ Esegui le sottrazioni con l'abaco. Disegna le palline, raggruppa, cambia e registra, poi scrivi il risultato. Osserva l'esempio.

36 – 19 = 17

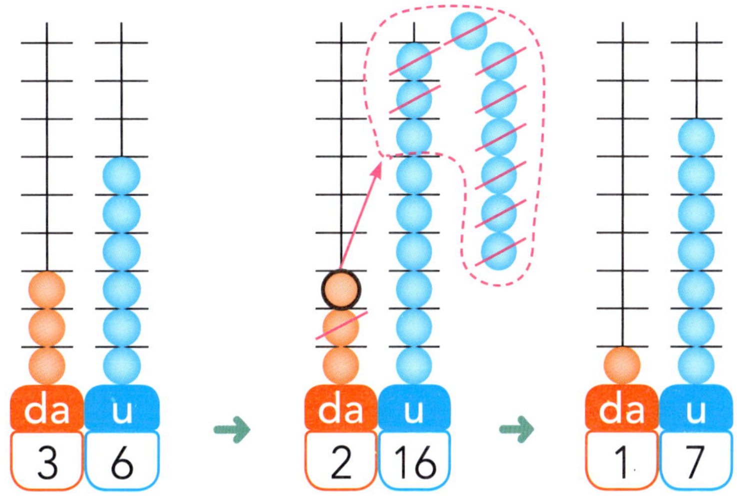

43 – 15 = ...

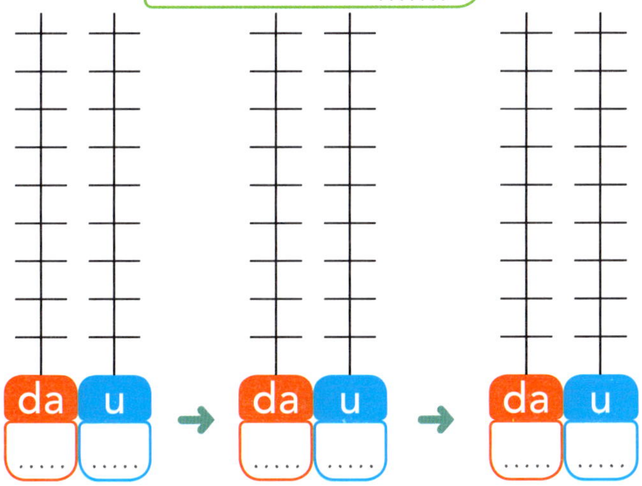

28 – 9 = ...

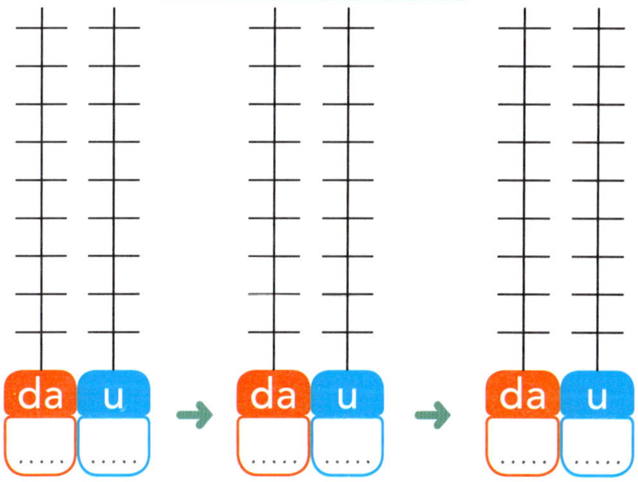

52 – 25 = ...

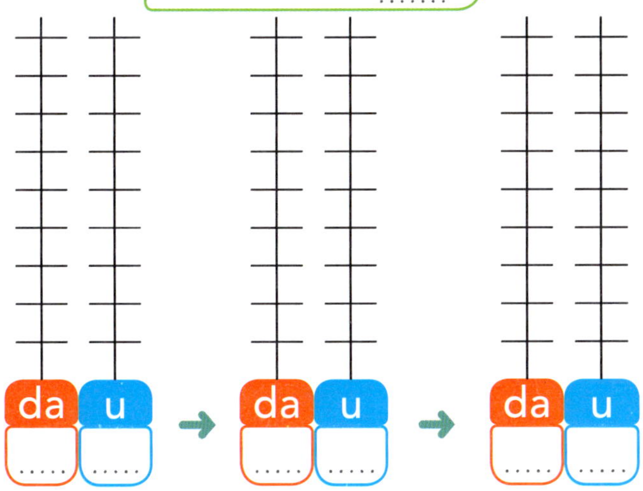

66 – 17 = ...

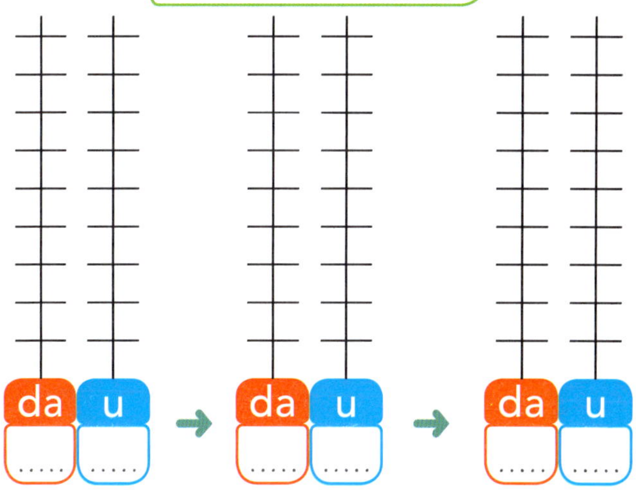

SOTTRAZIONI CON IL PRESTITO

Esegui le sottrazioni in colonna. Osserva l'esempio.

32 – 19 = **43**

da	u	
2		
~~3~~	12	–
1	9	=
1	3	

83 – 44 = ...

da	u	
......	......	–
......	......	=
......	......	

62 – 23 = ...

da	u	
......	......	–
......	......	=
......	......	

28 – 19 = ...

da	u	
......	......	–
......	......	=
......	......	

56 – 18 = ...

da	u	
......	......	–
......	......	=
......	......	

74 – 26 = ...

da	u	
......	......	–
......	......	=
......	......	

42 – 24 = ...

da	u	
......	......	–
......	......	=
......	......	

93 – 67 = ...

da	u	
......	......	–
......	......	=
......	......	

15 – 9 = ...

da	u	
......	......	–
......	......	=
......	......	

22 – 13 = ...

da	u	
......	......	–
......	......	=
......	......	

58 – 39 = ...

da	u	
......	......	–
......	......	=
......	......	

48 – 29 = ...

da	u	
......	......	–
......	......	=
......	......	

ADDIZIONE E SOTTRAZIONE: OPERAZIONI INVERSE

Completa.

Numero	Operatore	Risultato	Operatore inverso
66	+4	....	–4
72	+7	....	–7
25	+3	....	....
53	+4	....	....
44	–2	....	....
81	–9	....	....
95	–4	....	....
13	–5	....	....

Completa con l'operatore giusto.

15	....	5	= 20
25	....	6	= 19
63	....	18	= 81
50	....	26	= 24

19	....	7	= 12
13	....	78	= 91
28	....	14	= 14
87	....	13	= 100

Esegui i calcoli.

	+13		–8		+26		–13		+25		–16	
25		....		....		....		....		....		....

	–25		+12		–32		+26		–13		+18	
70		....		....		....		....		....		....

LA PIANTA

➔ Osserva la pianta del quartiere di Giulio e completa scrivendo le coordinate. Osserva l'esempio.

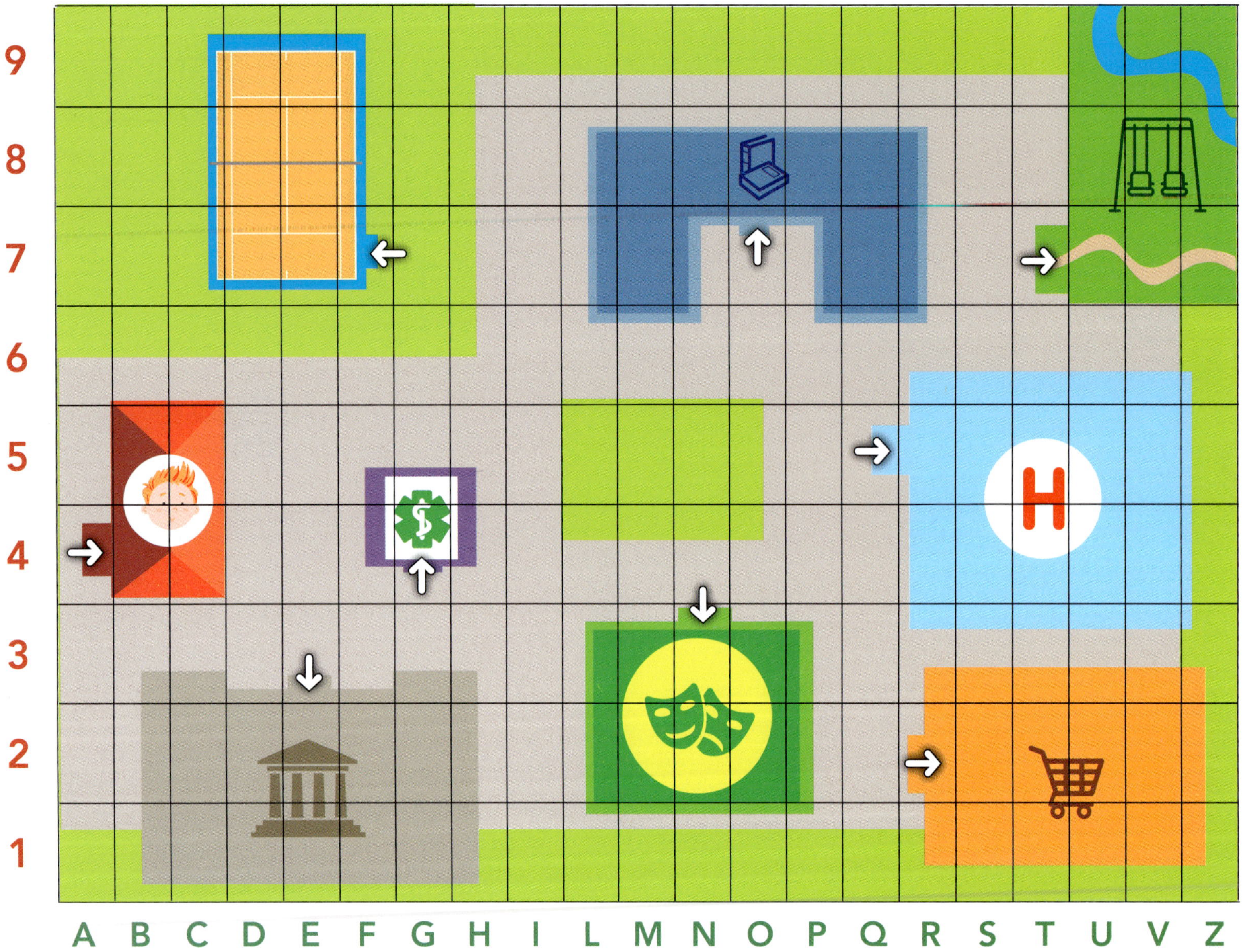

Casa di Giulio	A,4	Supermercato	_ , _	Teatro	_ , _
Scuola	_ , _	Campo da tennis	_ , _	Museo	_ , _
Ospedale	_ , _	Farmacia	_ , _	Parco giochi	_ , _

LA MAPPA

Osserva la mappa del quartiere di Sabrina e traccia il percorso che compie ogni giorno per andare da casa al mare.

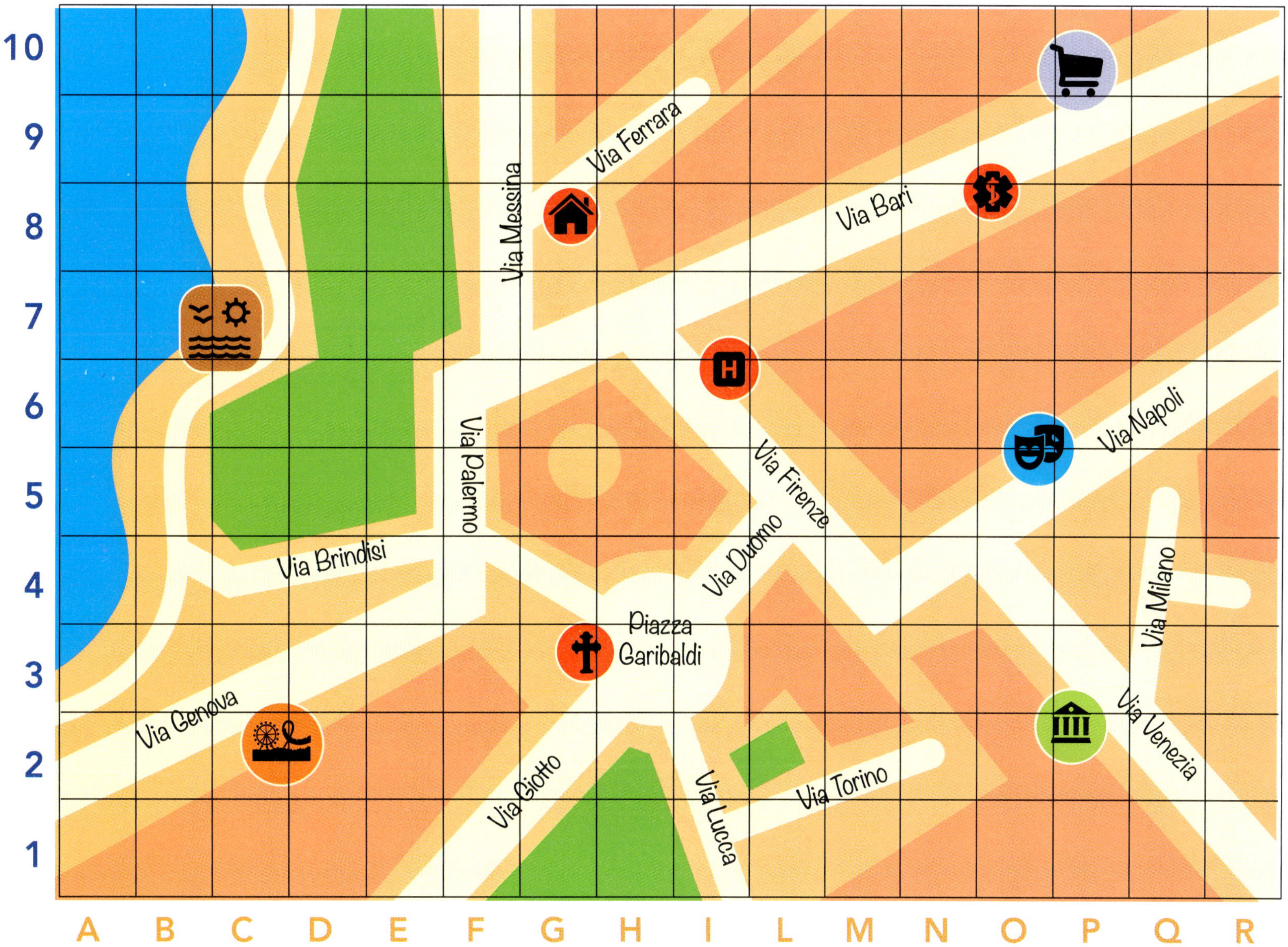

Osserva ancora la mappa e colora l'alternativa corretta.

- Via Duomo si trova tra Piazza Garibaldi e [via Firenze] [via Venezia.]
- In via Bari c'è [una piscina] [una farmacia.]
- La casa di Sabrina si trova all'inizio di [via Genova] [via Ferrara.]
- A Piazza Garibaldi c'è [un monumento] [una chiesa.]

BODY

Scrivi i nomi delle parti del corpo nel riquadro giusto.

head • shoulder • knee • eye • hand • arm • hair • mouth • nose • ear • foot • leg • finger

IL RITRATTO

➔ Osserva il dipinto e rispondi alle domande.

Felice Casorati, *Ritratto*

- Che cosa è rappresentato nel dipinto?

....

- Che cosa c'è in primo piano?

....

- Che cosa c'è sullo sfondo?

....

- Quali sono i colori prevalenti?

....

- Qual è, secondo te, lo stato d'animo della donna ritratta nel dipinto?

....

CQU, QU, CU, QQU

Leggi, osserva le immagini e completa le frasi con le parole che mancano. Sono tutte parole con cqu.

- È scoppiato un violento ....

- Il ....  si è immerso in profondità.

- Maria dipinge con gli ....

- Riccardo osserva il suo ....

Osserva le immagini e completa e parole con qu o cu.

..........adro

cir..........ito

..........oco

..........ore

s..........alo

..........ercia

a..........ilone

..........adrifoglio

s..........ola

Leggi la domanda e scrivi la risposta.

C'è una sola parola che si scrive con qq. Quale? ....

M OPPURE N?

Osserva le immagini e risolvi il cruciverba. Nella colonna evidenziata comparirà la soluzione all'indovinello.

2.

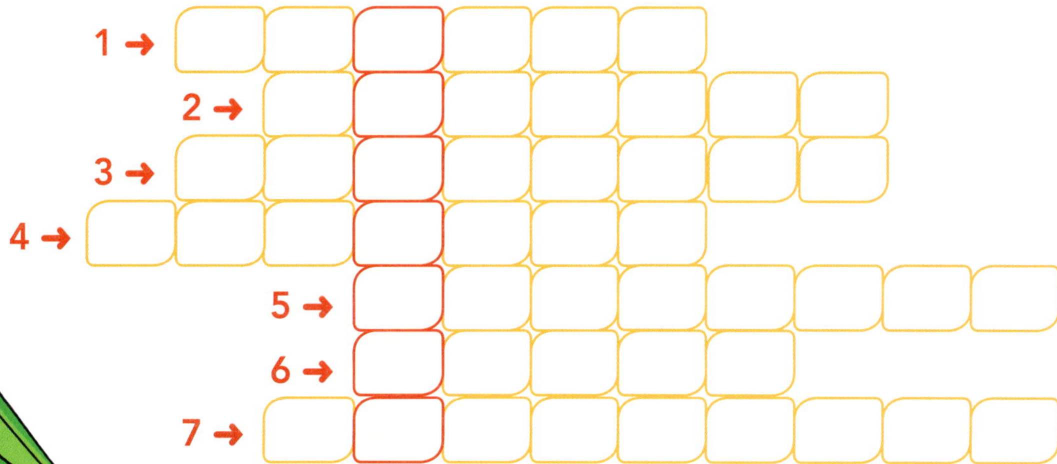

5.

6.

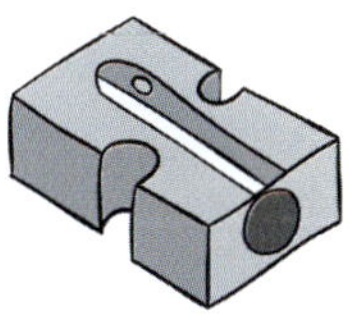
7.

3.

4.

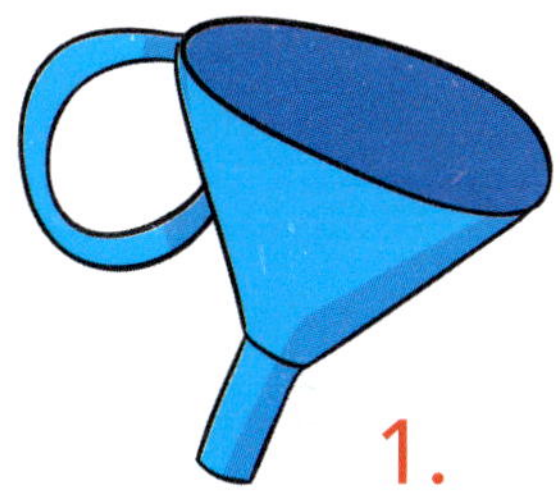
1.

Giochi per bambine: ....

Completa le parole scrivendo m oppure n.

la.........pione   ba.........diera   te.........porale   po.........te

la.........terna   pa.........da   ci.........tura   de.........te

ga.........bero   ga.........ba   colo.........ba   te.........da

go.........dola   i.........diano   tro.........ba   fa.........tasma

LE DOPPIE

➔ Leggi il brano e cerchia tutte le parole con le doppie.

Rosso di sera

Il rosso si era perdutamente innamorato dell'azzurro del cielo serale e le sere in cui era libero correva a trovarlo.
Disgraziatamente per lui, però, non accadeva spesso; anche per questo, quando poteva correre lassù nel cielo, i due colori si abbracciavano fino a confondersi l'uno nell'altro, ed erano tanto teneri e romantici che ogni altro colore girava a largo per non disturbarli.
Così, le sere in cui il rosso era lassù con l'azzurro, nel cielo non comparivano mai il biancastro della nebbia, il grigio delle nubi piene di pioggia e grandine, il nero apportatore di temporali.
Naturale, quindi, che il giorno dopo ogni convegno del rosso e dell'azzurro il tempo fosse sempre bello.
Così è nato il proverbio: *rosso di sera, buon tempo si spera*.

Marcello Argilli, *Il colore del mare e altre storie*, Editori Riuniti

➔ Osserva le immagini, pronuncia i nomi e segna con una ✘ quelli che si scrivono con una doppia.

Osserva le immagini e scrivi i nomi nel riquadro giusto.

Senza doppie	Con una doppia	Con due doppie
....	....	....
....	....	....
....	....	....
....	....	....

Completa le parole con le consonanti che mancano e collegale con una freccia all'immagine giusta.

to.........o scoia........olo cipo...........a

pe.........iro.........o ca...........e...........o fa...........iano

Aggiungi una consonante e scopri come cambia la parola.

note	pala	tori	casa
↓	↓	↓	↓
....	....	....	....

LE SILLABE

Leggi le parole e dividile in sillabe. Segui l'esempio.

telo	te | lo	sabbia	sab | bia
vela	....	gatto	....
tenda	....	palla	....
partita	par | ti | ta	strega	stre | ga
salita	....	nastro	....
panino	....	strada	....
aquila	a | qui | la	acquolina	ac | quo | li | na
liquore	....	acquedotto	....
quaderno	....	acquerelli	....

Osserva le immagini e completa. Fai attenzione: la sillaba finale di ogni parola è uguale a quella iniziale della parola che segue.

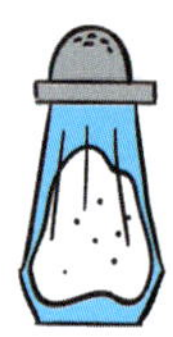

fa | ro → .... | sa → .... | ....

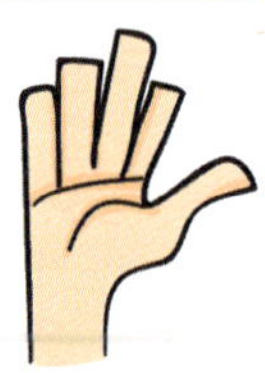

me | la → .... | .... → .... | .... → .... | ....

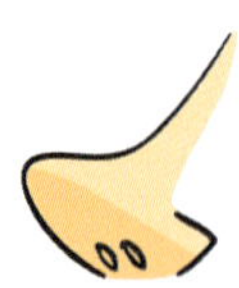

na | .... → .... | .... → .... | .... → .... | .... → .... | ....

Osserva le immagini e completa gli incroci dividendo le parole in sillabe.

Indica con una ✘ la divisione in sillabe corretta.

quaglia	☐ qua-glia	☐ qua-gli-a	☐ qu-a-glia
cavaliere	☐ ca-vali-ere	☐ ca-va-lie-re	☐ cav-alie-re
conchiglia	☐ con-chi-gli-a	☐ co-nchi-glia	☐ con-chi-glia
italiani	☐ i-ta-lia-ni	☐ ita-lia-ni	☐ i-ta-li-ani
acquazzone	☐ acqu-az-zone	☐ ac-quaz-zo-ne	☐ a-cquaz-zo-ne
gabbiano	☐ ga-bbia-no	☐ gab-bi-a-no	☐ gab-bia-no
fantasma	☐ fan-ta-sma	☐ fa-nta-sma	☐ fan-tas-ma
tovaglia	☐ tov-a-glia	☐ to-va-glia	☐ to-va-gli-a

BOLLETTINO METEOROLOGICO

Leggi il brano, poi rispondi alle domande che seguono.

Ricordo che una volta ho rovinato completamente una mia vacanza perché, assieme a un mio amico, ho creduto al bollettino meteorologico pubblicato da un quotidiano locale.
«Oggi si possono aspettare violenti acquazzoni e temporali», diceva; e pertanto rinunciammo al picnic e restammo tutto il giorno chiusi in casa, aspettando la pioggia. E la gente passava per la strada allegra e festosa, perché stava infatti splendendo il sole e non si vedeva una sola nuvola.
"Ah! – dicevamo noi contemplando i gitanti dalla finestra – torneranno a casa bagnati fradici!"
A mezzogiorno, con il sole che inondava la stanza, il caldo divenne soffocante, e noi ci domandammo quando sarebbero cominciati quei violenti acquazzoni o quegli occasionali temporali.
"Ah! Ah! Verranno nel pomeriggio – ci dicevamo a vicenda –. Oh, come si bagnerà quella gente! Che spasso!"
Quando il pomeriggio era quasi trascorso e ancora non si scorgeva alcun indizio di acquazzone, cercammo di rallegrarci pensando che la pioggia sarebbe cominciata di colpo, proprio mentre la gente si trovava lontana da ogni possibile riparo.
Ma non cadde una sola goccia di pioggia e la giornata terminò radiosamente, seguita da una splendida notte.
La mattina dopo leggemmo che la giornata sarebbe stata «calda con cielo sereno; temperatura molto elevata». Ci vestimmo con indumenti leggeri e uscimmo.
Mezz'ora dopo che ci eravamo incamminati cominciò a piovere a dirotto, si levò un impetuoso e gelido vento e, sia la pioggia, sia il vento imperversarono ininterrottamente per tutto il giorno.
Tornammo a casa con il raffreddore e con dolori reumatici in tutto il corpo, e ce ne andammo subito a letto.
Il tempo è veramente qualcosa di troppo misterioso per me.

Jerome Klapka Jerome

- La storia è narrata:

▢ in prima persona;

▢ in terza persona.

- Nel brano si legge: “A mezzogiorno, con il sole che inondava la stanza, il caldo divenne soffocante”. Le parole “inondava” e “soffocante” possono essere sostituite con:

▢ affondava e accecante;

▢ illuminava e insopportabile.

- Che cos’è la meteorologia? Perché secondo te l’autore ha scelto per il suo racconto il titolo *Bollettino meteorologico*?

....

....

....

DALL'ADDIZIONE ALLA MOLTIPLICAZIONE

Osserva e completa.

Fiori in ogni riga: ....
Numero di righe: ....
Fiori in tutto: ....

.... + ... + ... = ...

.... × .... = ...

Api in ogni colonna: ....
Numero di colonne: ....
Api in tutto: ....

.... + ... + ... + ... = ...

.... × .... = ...

Foglie in ogni riga: ....
Numero di righe: ....
Foglie in tutto: ....

.... + ... + ... + ... + ...
= ....

.... × .... = ...

Foglie in ogni colonna: ....
Numero di colonne: ....
Foglie in tutto: ....

.... + ... + ... + ... + ...
+ .... + ... = ...

.... × .... = ...

Trasforma ogni addizione in una moltiplicazione. Osserva l'esempio.

6 + 6 + 6 = **6 × 3**
2 + 2 + 2 + 2 = ... × ....
8 + 8 = ...
7 + 7 + 7 = ...
5 + 5 + 5 + 5 = ...

3 + 3 + 3 + 3 + 3 + 3 = ...
4 + 4 + 4 + 4 + 4 = ...
10 + 10 + 10 + 10 + 10 + 10 + 10 = ...
9 + 9 + 9 + 9 = ...
1 + 1 + 1 + 1 + 1 + 1 + 1 + 1 + 1 = ...

Collega ogni addizione alla moltiplicazione corrispondente.

3 + 3 + 3 + 3	4 × 5
4 + 4 + 4 + 4 + 4	3 × 4
2 + 2 + 2 + 2 + 2 + 2 + 2 + 2	5 × 5
5 + 5 + 5 + 5 + 5	2 × 8

Scrivi per ogni schieramento le due moltiplicazioni possibili ed esegui i calcoli.

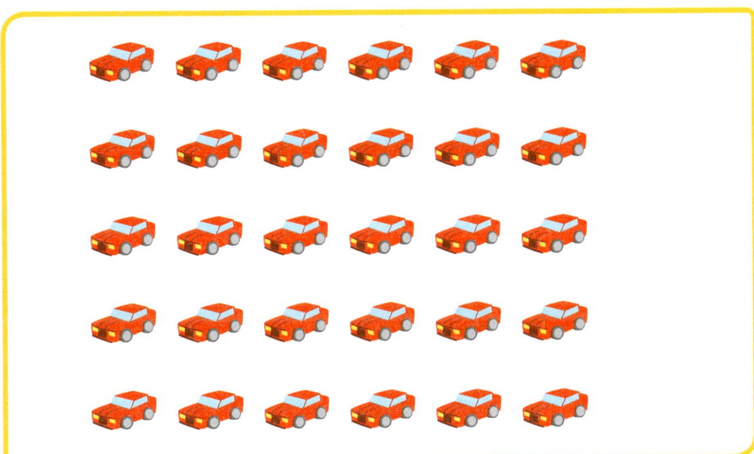

.... × .... = ...
.... × .... = ...

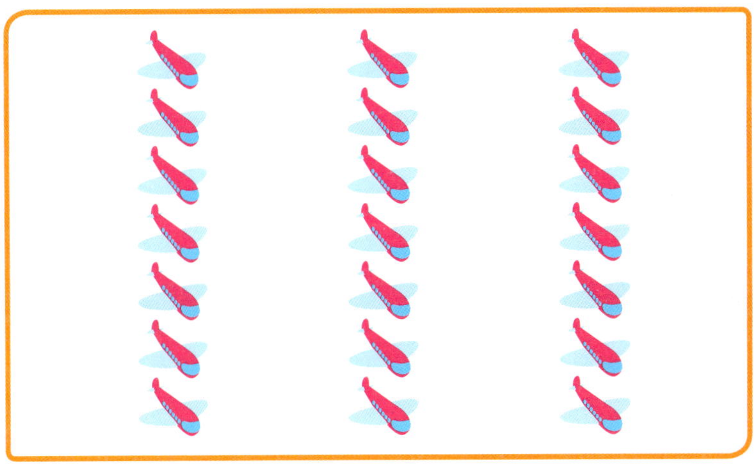

.... × .... = ...
.... × .... = ...

LE TABELLINE

Completa.

Tabellina del 2		
2 × 0	=	....
2 × 1	=	....
2 × 2	=	....
2 × 3	=	....
2 × 4	=	....
2 × 5	=	....
2 × 6	=	....
2 × 7	=	....
2 × 8	=	....
2 × 9	=	....
2 × 10	=	....

Tabellina del 3		
3 × 0	=	....
3 × 1	=	....
3 × 2	=	....
3 × 3	=	....
3 × 4	=	....
3 × 5	=	....
3 × 6	=	....
3 × 7	=	....
3 × 8	=	....
3 × 9	=	....
3 × 10	=	....

Tabellina del 4		
4 × 0	=	....
4 × 1	=	....
4 × 2	=	....
4 × 3	=	....
4 × 4	=	....
4 × 5	=	....
4 × 6	=	....
4 × 7	=	....
4 × 8	=	....
4 × 9	=	....
4 × 10	=	....

Tabellina del 5		
5 × 0	=	....
5 × 1	=	....
5 × 2	=	....
5 × 3	=	....
5 × 4	=	....
5 × 5	=	....
5 × 6	=	....
5 × 7	=	....
5 × 8	=	....
5 × 9	=	....
5 × 10	=	....

Tabellina del 6

6 × 0	=	....
6 × 1	=	....
6 × 2	=	....
6 × 3	=	....
6 × 4	=	....
6 × 5	=	....
6 × 6	=	....
6 × 7	=	....
6 × 8	=	....
6 × 9	=	....
6 × 10	=	....

Tabellina del 7

7 × 0	=	....
7 × 1	=	....
7 × 2	=	....
7 × 3	=	....
7 × 4	=	....
7 × 5	=	....
7 × 6	=	....
7 × 7	=	....
7 × 8	=	....
7 × 9	=	....
7 × 10	=	....

Tabellina dell'8

8 × 0	=	....
8 × 1	=	....
8 × 2	=	....
8 × 3	=	....
8 × 4	=	....
8 × 5	=	....
8 × 6	=	....
8 × 7	=	....
8 × 8	=	....
8 × 9	=	....
8 × 10	=	....

Tabellina del 9

9 × 0	=	....
9 × 1	=	....
9 × 2	=	....
9 × 3	=	....
9 × 4	=	....
9 × 5	=	....
9 × 6	=	....
9 × 7	=	....
9 × 8	=	....
9 × 9	=	....
9 × 10	=	....

Tabellina del 10

10 × 0	=	....
10 × 1	=	....
10 × 2	=	....
10 × 3	=	....
10 × 4	=	....
10 × 5	=	....
10 × 6	=	....
10 × 7	=	....
10 × 8	=	....
10 × 9	=	....
10 × 10	=	....

IL DOPPIO, IL TRIPLO, IL QUADRUPLO

Disegna il doppio, il triplo e il quadruplo degli elementi rappresentati.

doppio

triplo

quadruplo

Completa le tabelle.

	Doppio (×2)
6	
10	
8	
4	

	Triplo (×3)
10	
9	
7	
5	

	Quadruplo (×4)
1	
3	
10	
2	

MOLTIPLICAZIONI IN COLONNA

➔ Esegui le moltiplicazioni in colonna.

14 × 2 = ...

da	u	
......	......	×
......	......	=
......	......	

12 × 4 = ...

da	u	
......	......	×
......	......	=
......	......	

11 × 5 = ...

da	u	
......	......	×
......	......	=
......	......	

10 × 8 = ...

da	u	
......	......	×
......	......	=
......	......	

13 × 3 = ...

da	u	
......	......	×
......	......	=
......	......	

19 × 1 = ...

da	u	
......	......	×
......	......	=
......	......	

22 × 4 = ...

da	u	
......	......	×
......	......	=
......	......	

31 × 3 = ...

da	u	
......	......	×
......	......	=
......	......	

➔ Collega con una freccia ogni moltiplicazione al suo risultato.

42 × 2 33 × 3 23 × 3

63 × 1 41 × 2 11 × 9

63 84 69 99 99 82

MOLTIPLICAZIONI CON IL CAMBIO

Esegui le moltiplicazioni in colonna. Osserva l'esempio.

14 × 4 = **56**

da	u	
+1		
1	4	×
	4	=
5	6	

12 × 6 = ...

da	u	
......	......	×
......	......	=
......	......	

19 × 3 = ...

da	u	
......	......	×
......	......	=
......	......	

17 × 2 = ...

da	u	
......	......	×
......	......	=
......	......	

16 × 3 = ...

da	u	
......	......	×
......	......	=
......	......	

18 × 2 = ...

da	u	
......	......	×
......	......	=
......	......	

15 × 5 = ...

da	u	
......	......	×
......	......	=
......	......	

13 × 7 = ...

da	u	
......	......	×
......	......	=
......	......	

12 × 8 = ...

da	u	
......	......	×
......	......	=
......	......	

14 × 5 = ...

da	u	
......	......	×
......	......	=
......	......	

17 × 3 = ...

da	u	
......	......	×
......	......	=
......	......	

19 × 4 = ...

da	u	
......	......	×
......	......	=
......	......	

13 × 6 = ...

da	u	
......	......	×
......	......	=
......	......	

15 × 2 = ...

da	u	
......	......	×
......	......	=
......	......	

18 × 3 = ...

da	u	
......	......	×
......	......	=
......	......	

16 × 4 = ...

da	u	
......	......	×
......	......	=
......	......	

17 × 4 = ...

da	u	
......	......	×
......	......	=
......	......	

19 × 5 = ...

da	u	
......	......	×
......	......	=
......	......	

12 × 8 = ...

da	u	
......	......	×
......	......	=
......	......	

14 × 3 = ...

da	u	
......	......	×
......	......	=
......	......	

Vero o falso?

12 × 5 = 60	V	F
11 × 7 = 67	V	F
17 × 5 = 85	V	F
15 × 3 = 45	V	F
13 × 5 = 56	V	F
18 × 4 = 74	V	F
19 × 2 = 38	V	F
14 × 6 = 48	V	F
10 × 9 = 90	V	F
16 × 5 = 86	V	F

Esegui i calcoli.

2 → × 2 → .... → × 3 → .... → × 2 → .... → × 3 → .... → × 1 → ....

3 → × 1 → .... → × 2 → .... → × 2 → .... → × 3 → .... → × 1 → .... → × 2 → ....

ATTENZIONE AGLI INDIZI!

Osserva gli **indizi** e scrivi di che favola si tratta.

È la favola di ....

Osserva gli **indizi** e scrivi che mestiere fa chi possiede questi oggetti.

Chi possiede questi oggetti è un ....

Osserva gli **indizi** e scrivi di che gioco si tratta.

È il gioco della ....

I TIPI DI FONTE

Osserva le immagini e completa le frasi scrivendo di che **fonte** si tratta. Scegli tra le parole elencate di seguito.

scritta • visiva • orale • materiale

È una fonte ....

È una fonte ....

È una fonte ....

È una fonte ....

Elimina l'intruso da ciascun riquadro, poi scrivi il **tipo di fonte**.

- rivista
- pennarello
- quotidiano
- certificato
- lettera

È una fonte

....

- dipinto
- fotografia
- mosaico
- televisore
- disegno

È una fonte

....

- intervista
- telecronaca
- registrazione di un discorso
- megafono

È una fonte

....

L'ACCENTO E L'APOSTROFO

Completa le frasi con le parole adatte.

la/là

- .... tua bicicletta è in fondo al viale.
- Cerca .... in fondo.

si/sì

- Gli ho detto subito di ....!
- Lucia .... lava i denti.

da/dà

- Chiedile se ti .... il permesso.
- Sonia è stata .... Luca.

se/sé

- .... ascolti con attenzione, capirai.
- Riccardo ha portato con .... il suo gattino.

Leggi i monosillabi e aggiungi l'accento dove occorre.

cio   no   gia   fa   puo   qui   giu   tra

Riscrivi con l'apostrofo dove occorre.

lo ombrello → ....

un asino → ....

una ape → ....

una idea → ....

lo scoiattolo → ....

una orca → ....

Osserva le immagini e scrivi le parole corrispondenti.

luna • lago • l'una • l'ago

....

....

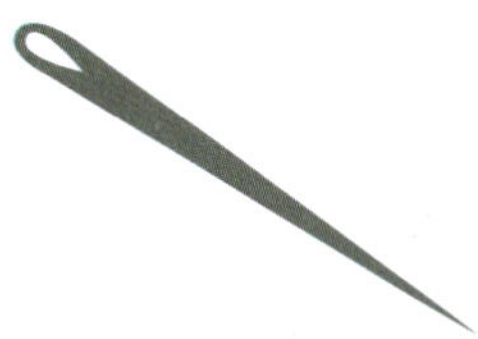

....

....

LA PUNTEGGIATURA

➔ Leggi e colora il quadratino con il segno di punteggiatura adatto.

Il fischio d'inizio

Nella scuola di Mariano c'è una bellissima piscina [,] [;] con una vasca molto lunga [,] [.]
Ivan e i suoi amici si allenano tutti i pomeriggi [,] [.]
Hanno uno scopo [:] [;] partecipare alla gara di fine anno [.] [;] Per vincere [,] [;] bisogna percorrere dieci vasche senza fermarsi mai e [.] [,] ovviamente [,] [;] bisogna arrivare primi [.] [;] Eccoli mentre aspettano il fischio di inizio del loro allenatore [:] [.]
Pronti [?] [!] Via [?] [!]

➔ Leggi e aggiungi la virgola o il punto e virgola dove necessario.

- La madre di Gianni ha fatto la spesa e ha comprato: la carne le uova la verdura la frutta e il pesce.
- Luca ascolta la musica Riccardo dorme.
- Oggi vado in spiaggia gioco con i miei amici prendo il sole e faccio il bagno.
- Il sole splende nel cielo un leggero venticello soffia tra gli alberi.
- Valerio ha incontrato Lucia le ha detto della festa e l'ha invitata.
- Il canarino cinguetta lo scoiattolo corre sul ramo.

È OPPURE E?

Leggi e disegna.

Marco ha un'automobilina rossa e blu.

L'automobilina di Marco è sul tappeto.

Completa con la è che spiega oppure con la e che unisce.

- Cinzia ...... Gianni sono andati al mare.
- Il sole ...... caldo.
- Gianfranco ...... Marco sono grandi amici.
- Stefania ...... una ragazza molto simpatica.
- La Luna ...... le stelle spendono nel cielo.
- Il cagnolino di Francesca ...... in giardino.

Rispondi alle domande e completa le frasi.

Dov'è?

- La bicicletta ....
- Il cagnolino ....
- Lucia ....

Com'è?

- Il canotto ....
- Il secchiello ....
- Riccardo ....

C'È, CI SONO, C'ERA, C'ERANO

➔ Osserva il disegno e scrivi le frasi con c'è oppure ci sono.

In spiaggia:

ci sono gli ombrelloni

....

....

....

....

....

....

....

➔ Confronta i disegni e scrivi le frasi con c'era oppure c'erano.

Nel mare:

c'era un pesciolino rosso.

....

....

....

....

....

....

HO, HAI, HA, HANNO

Completa con ho, hai, ha, hanno.

- Io .... una maglia rossa.
- Io .... giocato a tennis.

- Tu .... una maschera nuova.
- Tu .... nuotato a lungo.

- Lui .... molta fame.
- Lui .... mangiato un dolce.

- Lei .... un bel libro di fiabe.
- Lei .... letto una fiaba.

- Loro .... un grande acquario.
- Loro .... osservato i pesci.

Con o senza h? Leggi le frasi e colora la parola giusta.

- Luca ha / a una gran fame.
- Chiedi ha / a Riccardo se può aiutarti.
- Che cosa preferisci? Il gelato ho / o il cornetto?
- Io ho / o sette anni.
- Chiedi il permesso hai / ai tuoi genitori.
- Tu hai / ai già finito?
- L'hanno / anno prossimo torneremo qui in vacanza.
- Loro hanno / anno già mangiato.

IL DISCORSO DIRETTO

Leggi i fumetti e riscrivi usando il discorso diretto.

Riccardo dice: ....

Giulia risponde: ....

Matteo ....

Valerio ....

....

UN FOTOGRAFO STRAORDINARIO

Leggi l'articolo, poi rispondi alle domande che seguono.

Un papà fotografo e un talento naturale hanno portato questo giovanissimo a vincere un prestigioso premio fotografico, che gli è stato consegnato dalla futura regina d'Inghilterra.

Carlos Peréz Naval ha 9 anni e viene dalla Spagna. Ama la natura, i fiori, le piante e soprattutto gli animali.
A Carlos piace fotografarli e lo fa benissimo grazie anche al suo papà, fotografo professionista, che gli ha insegnato i trucchi del mestiere.
Carlos utilizza le più avanzate macchine fotografiche che (attenzione!) sono potenti ma difficilissime da utilizzare. Che ci volete fare, Carlos è un talento naturale.
Negli ultimi tre anni, Carlos ha già viaggiato in tutto il mondo e ha fotografato migliaia di animali e panorami spettacolari.
Il suo sito web (https://carlospereznaval.wordpress.com) è seguitissimo e lui, dopo essere stato finalista in diversi concorsi, quest'anno si è aggiudicato a Londra, in Inghilterra, il prestigioso premio *Young Wildlife Photographer*, che in italiano suona come Giovane Fotografo Naturalista dell'anno.
Questo premio è promosso dalla BBC (la RAI inglese) e dal museo di Storia Naturale della città.

Tratto da: www.focusjunior.it

- In quale Paese è nato Carlos Peréz Naval?

....

- Qual è la sua passione?

....

- Qual è il lavoro del padre di Carlos?

....

- Qual è l'indirizzo del suo sito web?

....

- Con l'aiuto dei tuoi genitori, visita il sito web di Carlos. Che cosa ne pensi?

....

....

....

....

....

....

- Quale prestigioso premio ha ricevuto Carlos?

....

....

- Da chi gli è stato consegnato?

....

....

LE DIVISIONI ESATTE E CON IL RESTO

Raggruppa per 3 e completa.

Quante stelle marine in tutto? ....
Quanti gruppi da 3? ....
Quante stelle marine avanzano? ....

12 : .... = ...

Raggruppa per 5 e completa.

Quanti granchi in tutto? ....
Quanti gruppi da 5? ....
Quanti granchi avanzano? ....

.... : .... = ...

Raggruppa per 9 e completa.

Quanti pesciolini in tutto? ....
Quanti gruppi da 9? ....
Quanti pesciolini avanzano? ....

.... : .... = ...

Esegui le divisioni esatte.

20 : 5 = ... 12 : 4 = ... 8 : 2 = ...

15 : 3 = ... 16 : 2 = ... 22 : 2 = ...

28 : 7 = ... 35 : 5 = ... 40 : 4 = ...

80 : 8 = ... 27 : 9 = ... 5 : 5 = ...

14 : 7 = ... 18 : 2 = ... 20 : 4 = ...

Raggruppa per 4 e completa.

Quante meduse in tutto? ....
Quanti gruppi da 4? ....
Quante meduse avanzano? ....

.... : .... = ... r ....

Esegui le divisioni con il resto.

21 : 4 = ... r .... 52 : 7 = ... r .... 9 : 2 = ... r ....

13 : 2 = ... r .... 86 : 9 = ... r .... 12 : 5 = ... r ....

26 : 6 = ... r .... 53 : 5 = ... r .... 37 : 9 = ... r ....

71 : 7 = ... r .... 28 : 9 = ... r .... 70 : 8 = ... r ....

37 : 5 = ... r .... 18 : 4 = ... r .... 17 : 3 = ... r ....

LA METÀ, LA TERZA PARTE, LA QUARTA PARTE

Disegna la metà e la terza parte degli elementi rappresentati.

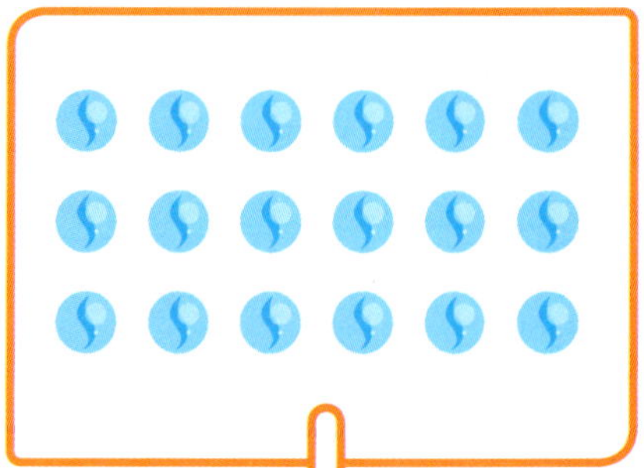

metà

terza parte

Completa le tabelle.

	Metà (: 2)
4	
10	
18	
22	
26	
20	

	Terza parte (: 3)
9	
27	
15	
21	
30	
24	

	Quarta parte (: 4)
16	
8	
20	
40	
80	
28	

MOLTIPLICAZIONE E DIVISIONE: OPERAZIONI INVERSE

Completa.

	× 4	
6		....
	: 4	

	× 3	
7		....
	: 3	

	× 6	
5		....
	....	

	× 9	
3		....
	....	

	: 7	
56		....
	....	

	: 9	
72		....
	....	

	: 6	
42		....
	....	

	: 9	
54		....
	....	

Completa con l'operatore giusto.

3	....	5	= 15
24	....	3	= 8
7	....	7	= 49
10	....	10	= 100

22	....	2	= 11
6	....	6	= 36
9	....	5	= 45
74	....	2	= 37

Esegui i calcoli.

	: 2	: 5	× 7	× 2	: 7	× 9
50	....	....	....	....	....	....

	: 9	× 3	: 5	× 8	× 2	: 3
90	....	....	....	....	....	....

PAESAGGI

Osserva l'immagine e scrivi nelle tabelle tutti gli elementi naturali e tutti gli elementi antropici.

Elementi naturali	Elementi antropici
....	....
....	....
....	....
....	....
....	....
....	....
....	....
....	....

Osserva le immagini e scrivi di che **tipo di paesaggio** si tratta. Scegli tra le parole elencate di seguito.

fluviale • urbano • marino • montano • collinare

....

....

....

....

....

SHAPES AND COLOURS

Collega i nomi alle forme (shapes) giuste e riscrivili.

rectangle triangle square circle

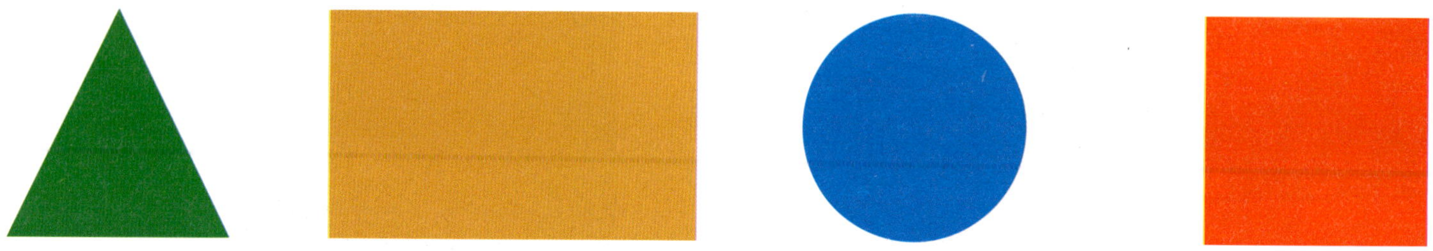

....

Leggi e colora con i colori (colours) giusti.

Red Blue YELLOW Green

BLACK Pink ORANGE

VIOLET Brown White

FORME E COLORI

Osserva il dipinto e rispondi alle domande.

Roger de La Fresnaye, *Uomo seduto*, 1914

- Che cosa è rappresentato nel dipinto?

....

- Quali forme geometriche riconosci?

....

- Che cosa rappresentano?

....

....

- Quali colori primari sono stati utilizzati?

....

- Prevalgono i colori caldi o i colori freddi? Perché secondo te?

....

....

....

I NOMI

Leggi le frasi e cerchia di rosso i nomi propri e di blu i nomi comuni.

- La madre di Giulia si chiama Roberta.
- Argo, il mio cagnolino, è sempre molto affettuoso.
- Roma è attraversata dal fiume Tevere.
- La mia maestra si chiama Lucia.

Colora di blu i secchielli con i nomi al maschile e di rosso i secchielli con i nomi al femminile.

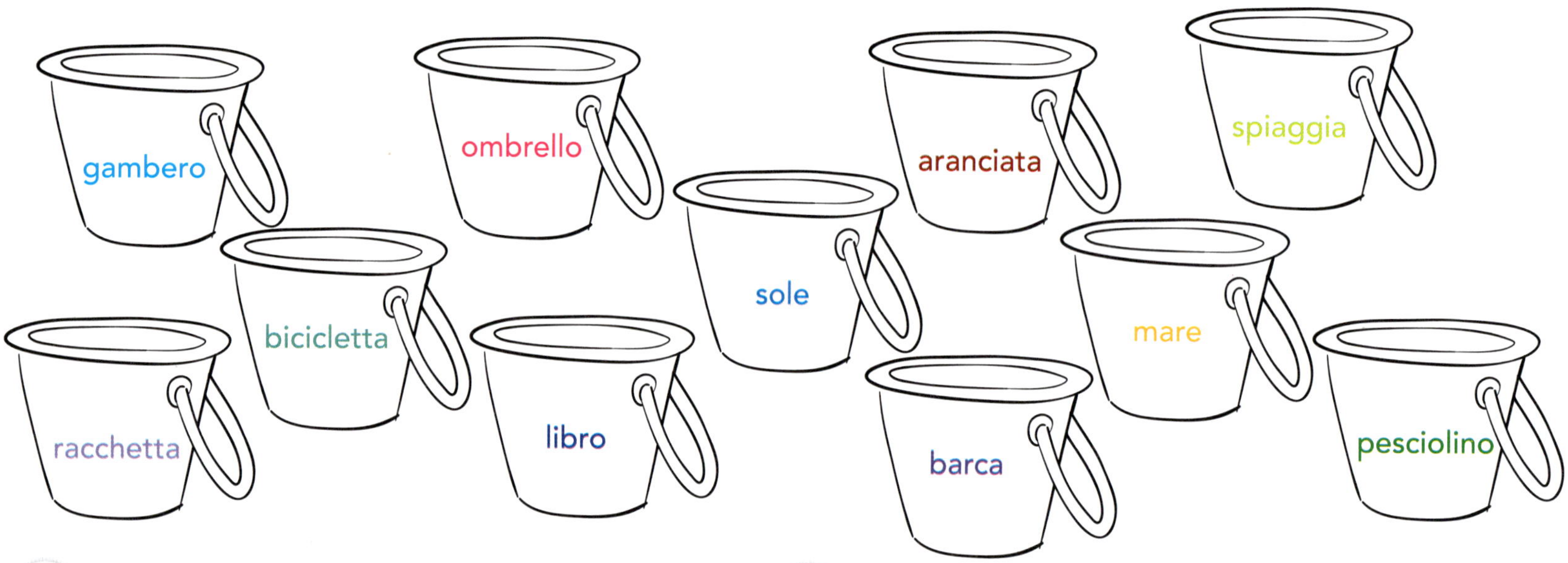

Volgi dal maschile al femminile.

gatto	→	....
leone	→	....
cavallo	→	....
gallo	→	....
lupo	→	....
orso	→	....
toro	→	....
elefante	→	....

Volgi dal femminile al maschile.

nonna	→	....
zia	→	....
cugina	→	....
amica	→	....
maestra	→	....
regina	→	....
principessa	→	....
contadina	→	....

Colora di **blu** le stelle marine con i nomi al **singolare** e di **rosso** le stelle marine con i nomi al **plurale**.

bicchieri   tovaglia   piatti   forchetta
tavolo   bottiglie   coltello
cesto   tovaglioli   brocca   cucchiai

Volgi dal **singolare** al **plurale**.

vaso → ....
caverna → ....
camicia → ....
drago → ....
foglia → ....
sgabello → ....
ciliegia → ....
manica → ....

Volgi dal **plurale** al **singolare**.

gnomi → ....
fratelli → ....
elefanti → ....
cappelli → ....
mani → ....
campane → ....
scolari → ....
api → ....

Fai l'analisi dei seguenti nomi. Segui l'esempio.

	Comune di cosa	Comune di persona	Comune di animale	Proprio	Maschile	Femminile	Singolare	Plurale
ballerino		✗			✗		✗	
coccodrilli								
lavagna								
dottoresse								
Riccardo								
cavalli								

GLI ARTICOLI

➔ Leggi la poesia e cerchia di rosso gli articoli determinativi e di blu gli articoli indeterminativi.

Il cavallo a dondolo

C'era un cavallo bianco
in una giostra nera.
E girava, girava,
ma era stanco di girare
in quella maniera.
Così il cavallo bianco
stanco del girotondo
saltò di fianco, una sera
nel mezzo della festa
e corse via nel mondo.
Questa è una storia vera.

Roberto Piumini, *Io mi ricordo Quieto Patato*, Nuove Edizioni Romane

➔ Collega con una freccia ciascun nome all'articolo determinativo adatto.

il	palla	l'	bambini
lo	aquilone	i	amaca
l'	scoiattolo	gli	scarpe
la	castello	le	zaini

➔ Scrivi l'articolo indeterminativo adatto a ciascun nome.

.... giostra .... gnomo .... fantasma .... anatra
.... pipistrello .... amica .... ombrello .... scolaro

LE QUALITÀ

Osserva le immagini e collegale con una freccia alla qualità adatta.

profumato

gustoso

caldo

morbido

Completa con un articolo indeterminativo e un aggettivo.

.... fiore ....

.... automobile ....

.... specchio ....

.... bambino ....

.... strega ....

.... leone ....

.... aquila ....

.... albero ....

Collega con una freccia ogni aggettivo con il suo contrario.

simpatico	dolce
salato	disordinato
freddo	antipatico
ordinato	caldo

IL SOLE E LA NUVOLA

➜ Leggi il brano, poi rispondi alle domande che seguono.

Il sole viaggiava in cielo, allegro e glorioso sul suo carro di fuoco, gettando i suoi raggi in tutte le direzioni, con grande rabbia di una nuvola di umore temporalesco, che borbottava:

– Sciupone, mano bucata, butta via, butta via i tuoi raggi, vedrai quanti te ne rimangono.

Nelle vigne ogni acino d'uva che maturava sui tralci rubava un raggio al minuto, o anche due; e non c'era filo d'erba, o ragno, o fiore, o goccia d'acqua, che non si prendesse la sua parte.

– Lascia, lascia che tutti ti derubino: vedrai come ti ringrazieranno, quando non avrai più niente da farti rubare.

Il sole continuava allegramente il suo viaggio, regalando raggi a milioni, a miliardi, senza contarli. Solo al tramonto contò i raggi che gli rimanevano: e guarda un po', non gliene mancava nemmeno uno. La nuvola, per la sorpresa, si sciolse in grandine. Il sole si tuffò allegramente nel mare.

Gianni Rodari, *Favole al telefono*, Einaudi

- Spiega con parole tue l'espressione *una nuvola di umore temporalesco*.

....

....

....

- Che cosa intende dire la nuvola al sole quando lo chiama *mano bucata*?

....

....

....

- Ha ragione, secondo te, la nuvola quando si rivolge al sole dicendo: *Lascia, lascia che tutti ti derubino: vedrai come ti ringrazieranno, quando non avrai più niente da farti rubare*?

....

....

....

- Che cosa succede alla nuvola alla fine? Sai spiegare quello che le accade? Prova a ricordare quali sono gli stati dell'acqua (nelle pagine che seguono ne riparleremo ancora).

....

....

....

PROBLEMI CON LE QUATTRO OPERAZIONI

Leggi i problemi, completa i diagrammi e risolvi.

Riccardo ha 15 figurine.
Ne regala 7 a Marco.
Quante figurine restano a Riccardo?

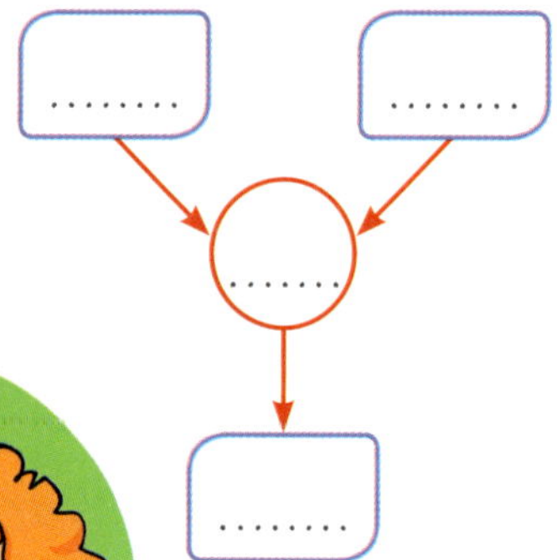

Risposta: ....

Valeria ha 16 perline.
Lucia ne ha 13.
Quante perline hanno in tutto Valeria e Lucia?

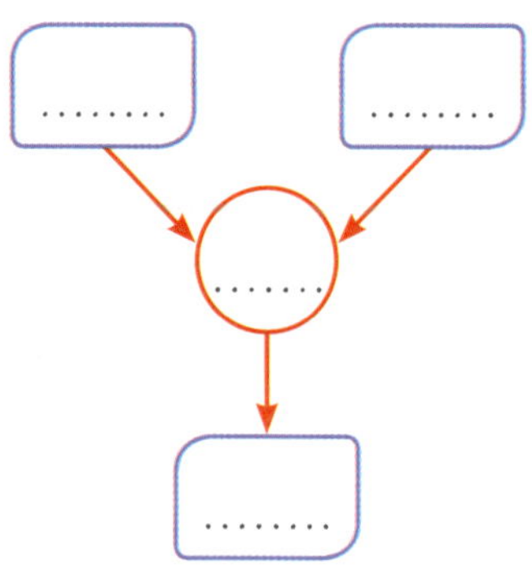

Risposta: ....

A un torneo di calcio partecipano 7 squadre.
Ogni squadra è composta da 5 bambini.
Quanti bambini partecipano in tutto al torneo?

Risposta: ....

Sonia ha 24 caramelle. Vuole distribuirle in parti uguali tra le sue 4 amiche.
Quante caramelle riceverà ciascuna delle sue amiche?

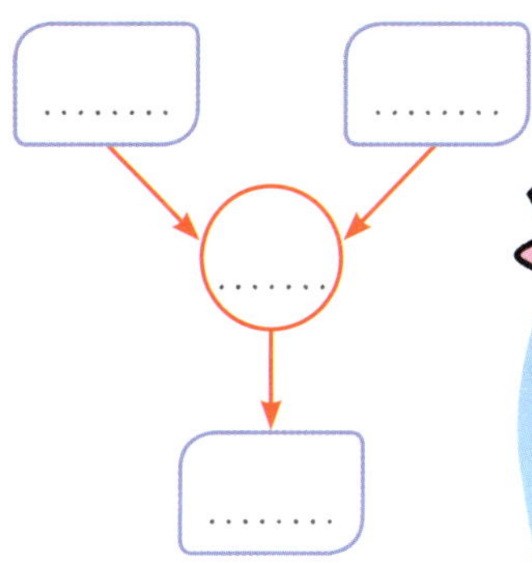

Risposta: ....

I SOLIDI

Collega ogni elemento alla **forma geometrica** che gli assomiglia, poi scrivi il nome.

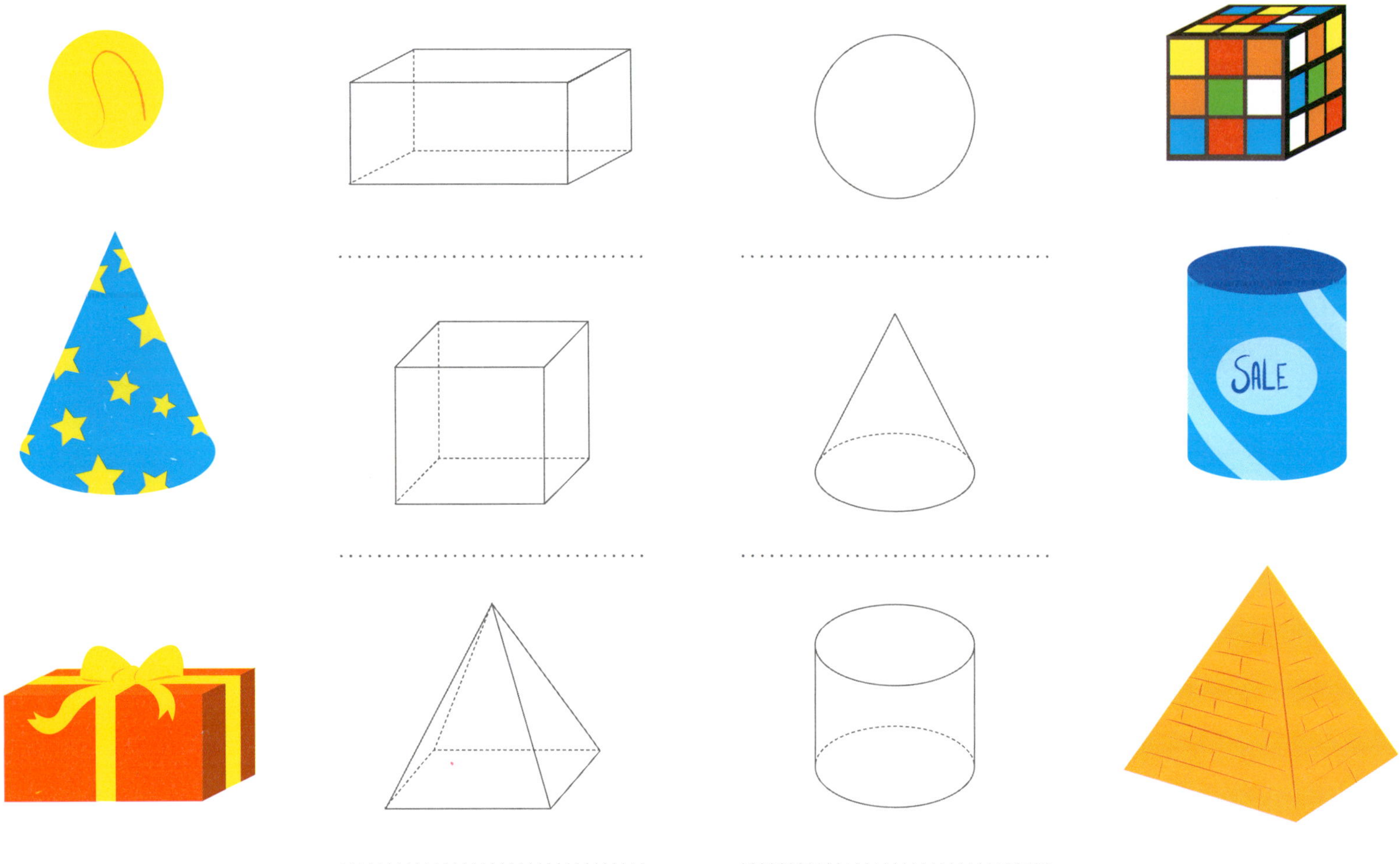

Osserva le **figure** e completa. Segui l'esempio.

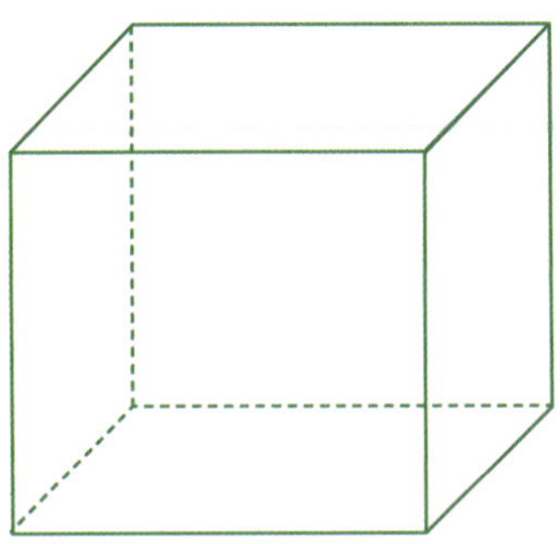

Ha **6** facce.
Ha **8** vertici.

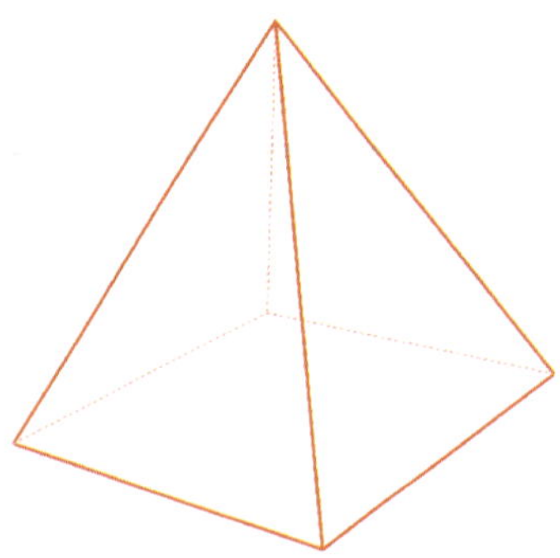

Ha .... facce.
Ha .... vertici.

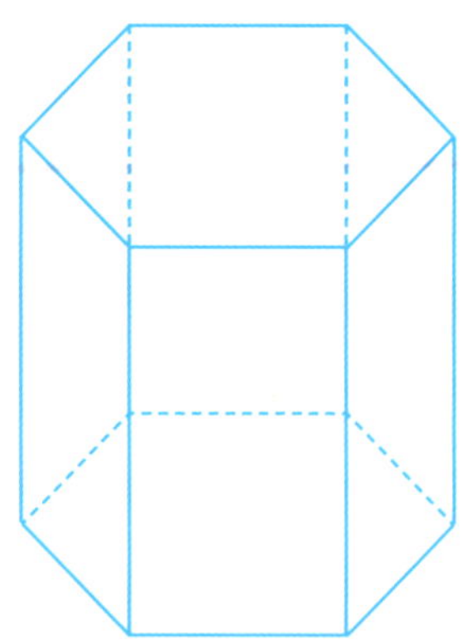

Ha .... facce.
Ha .... vertici.

I POLIGONI

Colora solo i poligoni.

Ripassa i poligoni di rosso e disegna un pallino blu su ogni vertice, poi completa.

Numero di lati: ....
Numero di vertici: ....

Numero di lati: ....
Numero di vertici: ....

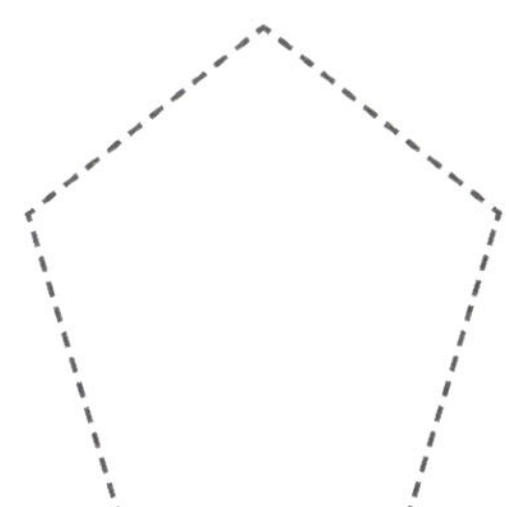

Numero di lati: ....
Numero di vertici: ....

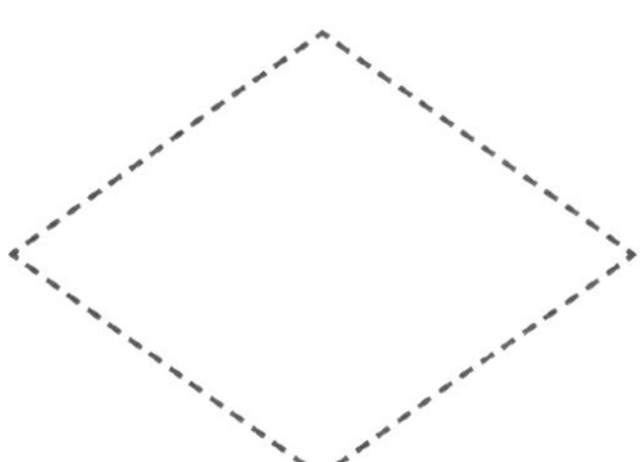

Numero di lati: ....
Numero di vertici: ....

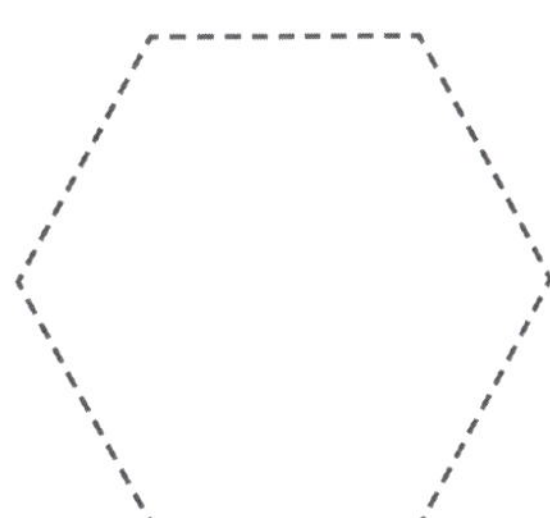

Numero di lati: ....
Numero di vertici: ....

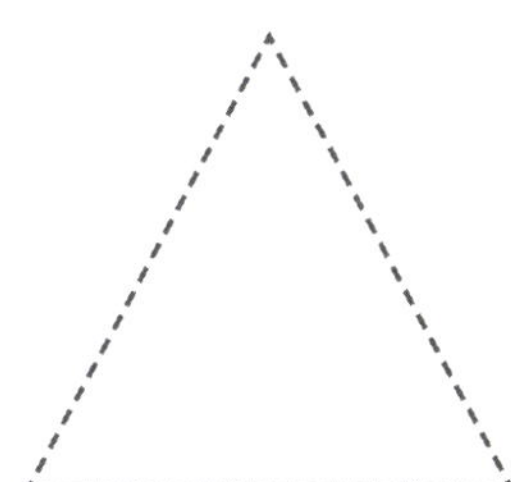

Numero di lati: ....
Numero di vertici: ....

LE SIMMETRIE

Completa le figure. Disegna la parte simmetrica rispetto all'asse di simmetria interno.

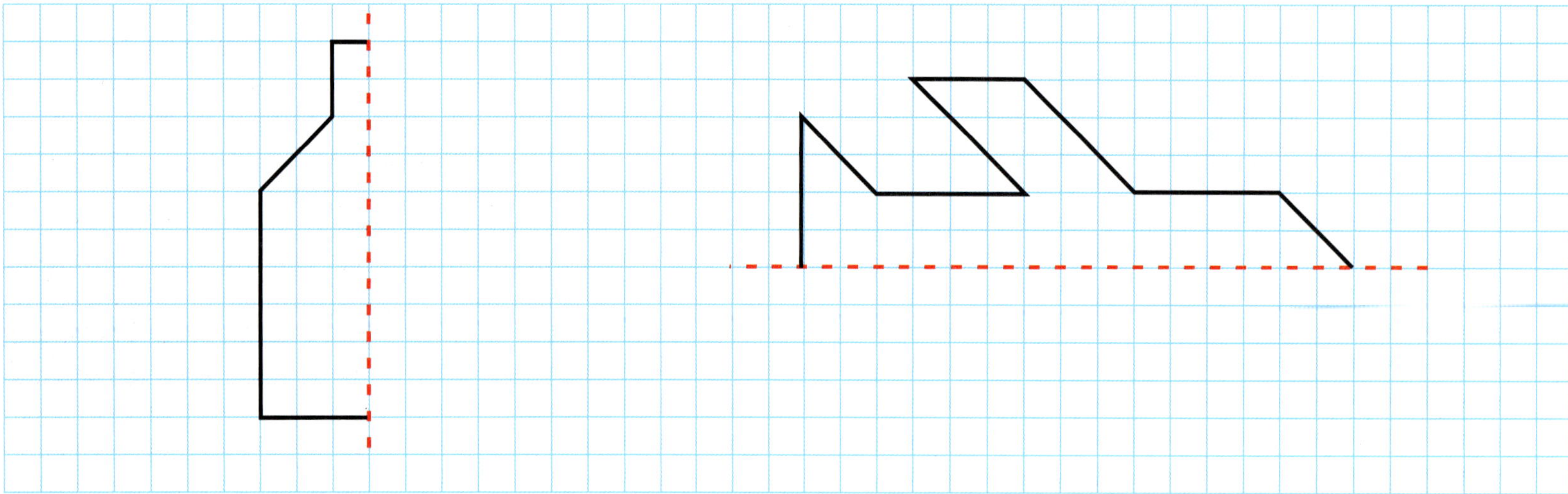

Disegna le figure simmetriche rispetto all'asse di simmetria esterno.

Osserva le immagini e cerchia solo quelle simmetriche tra loro.

INCROCI E SPOSTAMENTI

Disegna i pallini colorati negli **incroci** indicati.

- (A, 4)
- (C, 9)
- (F, 6)
- (D, 3)
- (B, 10)
- (H, 1)
- (L, 8)
- (I, 2)
- (F, 5)

Osserva il **percorso** e completa scrivendo i numeri accanto alle frecce.

2 ↑
.... →
.... ↑
.... →
.... ↓
.... →
.... ↑
.... →

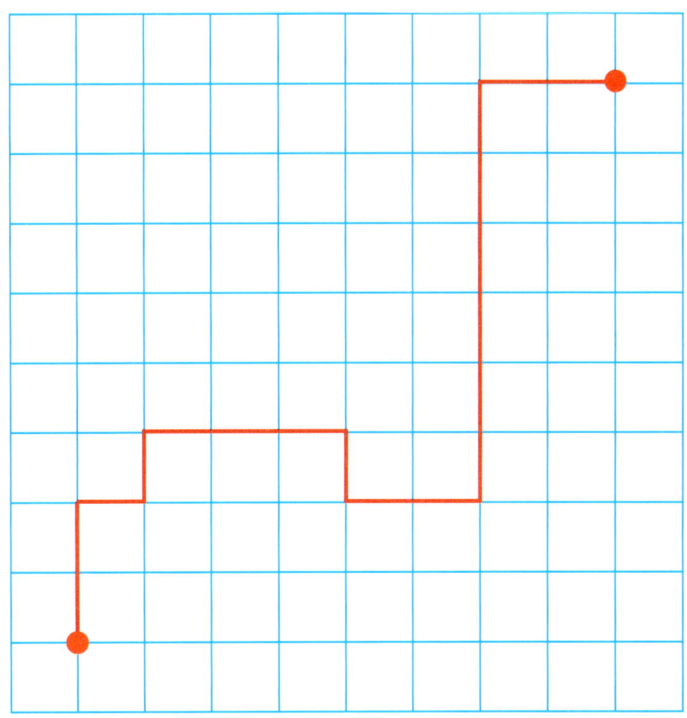

L'ACQUA

Osserva le immagini e scrivi se l'acqua è liquida, ghiaccio o vapore.

....

Che cosa avviene prima? Che cosa dopo? Che cosa infine? Numera da 1 a 3.

Completa le frasi con le parole che seguono.

vapore acqueo • ghiaccio

- Quando si solidifica, l'acqua diventa ....
- Quando evapora, l'acqua diventa ....

UN LABIRINTO... BUONISSIMO

➔ Aiuta Andrea a raggiungere l'uscita. Il percorso da seguire è quello con gli alimenti giusti per una colazione sana.

LE AZIONI

Osserva le immagini e collegale con una freccia all'azione adatta.

corre

cucina

ruggisce

fiorisce

Completa con un articolo determinativo e un verbo.

.... vento	.... attori ....
.... luna	.... pulcini ....
.... scoiattolo	.... ape ....
.... bambine	.... orso ....

Segna con una ✘ l'azione non adatta al nome.

acqua	☐ scorre	☐ diverte	☐ disseta
fuoco	☐ riscalda	☐ illumina	☐ pigola
bambini	☐ splendono	☐ giocano	☐ mangiano
gatto	☐ miagola	☐ abbaia	☐ dorme

LA FRASE

Collega con le frecce e ricostruisci le frasi. Osserva l'esempio.

Il cagnolino	vola	una granita a limone.
Sonia	dorme	alto nel cielo.
L'aquilone	bruca	la sua ragnatela.
Il ragno	gusta	l'erba.
La capra	tesse	nella sua cuccia.

Osserva le immagini, metti in ordine le parole e scrivi le frasi.

gioca Riccardo tennis a Valerio. con

....

ballerino. Mio un fratello è Alberto bravo

....

stelle cielo. La e brillano Luna le nel

....

CUCINA SPAZIALE

Leggi il brano, poi rispondi alle domande che seguono.

Un mio amico cosmonauta è stato sul pianeta x213 e mi ha portato per ricordo il menù di un ristorante di lassù. Ve lo ricopio tale e quale:

ANTIPASTI
- GHIAIA DI FIUME IN SALSA DI TAPPI
- CROSTINI DI CARTA ASCIUGANTE
- AFFETTATO DI CARBONE

MINESTRE
- ROSE IN BRODO
- GAROFANI ASCIUTTI AL SUGO D'INCHIOSTRO
- GAMBE DI TAVOLINI AL FORNO
- TAGLIATELLE DI MARMO ROSA AL BURRO DI LAMPADINE TRITATE
- GNOCCHI DI PIOMBO

PIATTI PRONTI
- BISTECCA DI CEMENTO ARMATO
- TRISTECCA AI FERRI
- TRISTEZZE ALLA GRIGLIA
- ARROSTO DI MATTONI CON INSALATA DI TEGOLE
- DO DI PETTO DI TACCHINO
- COPERTONI D'AUTOMOBILE BOLLITI CON PISTONI
- RUBINETTI FRITTI (CALDI E FREDDI)
- TASTI DI MACCHINA PER SCRIVERE (IN VERSI E IN PROSA)

PIATTI DA FARSI - A PIACERE

Per spiegare quest'ultima espressione, un po' generica, aggiungerò che il pianeta x213, a quanto pare, è interamente commestibile: ogni cosa, lassù, può essere mangiata e digerita, anche l'asfalto della strada. Anche le montagne? Anche quelle. Gli abitanti di x213 hanno già divorato intere catene alpine.
Uno, per esempio, fa una gita in bicicletta: gli viene fame, smonta e mangia la sella, o la pompa. I bambini sono ghiottissimi di campanelli.
La prima colazione si fa così: suona la sveglia, tu ti svegli, acchiappi la sveglia e la mangi in due bocconi.

Gianni Rodari, *Favole al telefono*, Einaudi

- Che cosa significa la parola *cosmonauta*?

....

- Di che cosa sono ghiottissimi i bambini che abitano sul pianeta x213?

....

- Che cosa si mangia a colazione sul pianeta x213?

....

- Che cosa mangi tu, invece, a colazione? D'estate mangi cose diverse rispetto all'inverno? Racconta.

....

....

....

....

MISURARE LA LUNGHEZZA

➔ Numera gli oggetti da 1 a 6, da quello più lungo a quello meno lungo.

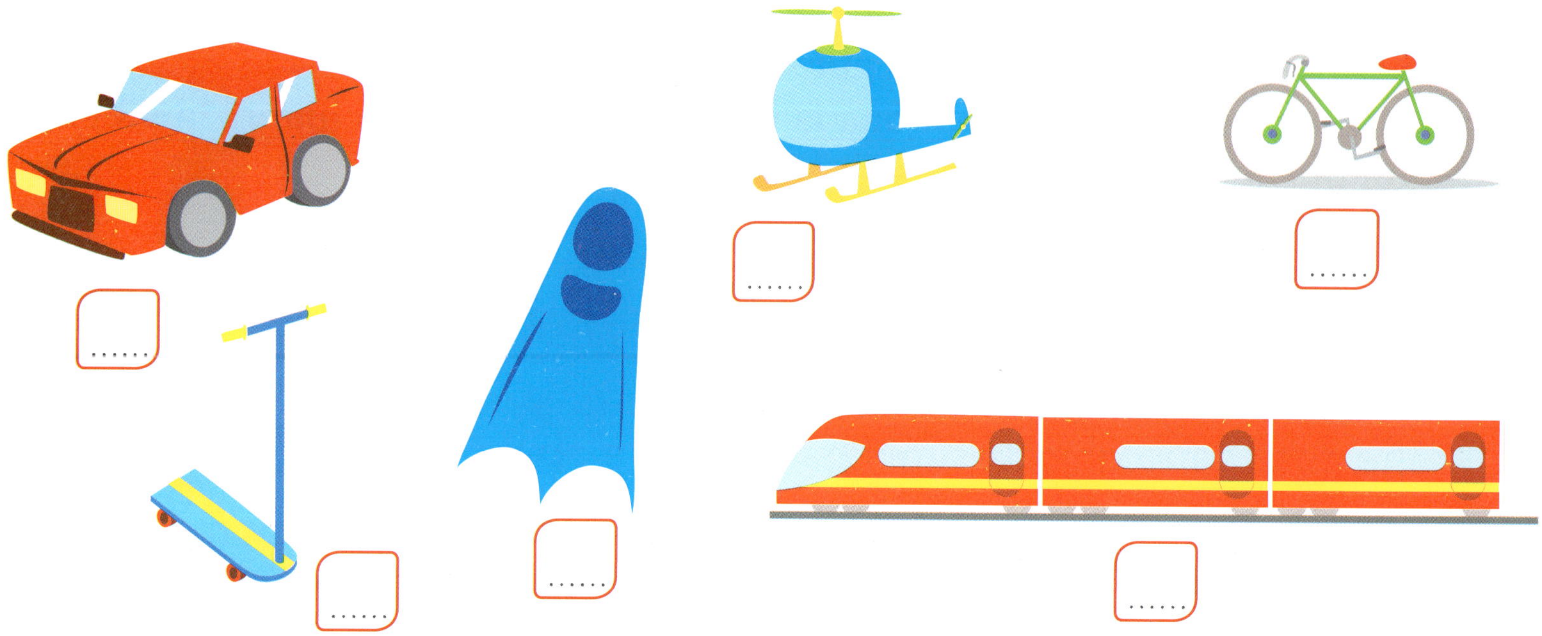

➔ Osserva e scrivi quanto è lungo ogni pastello.

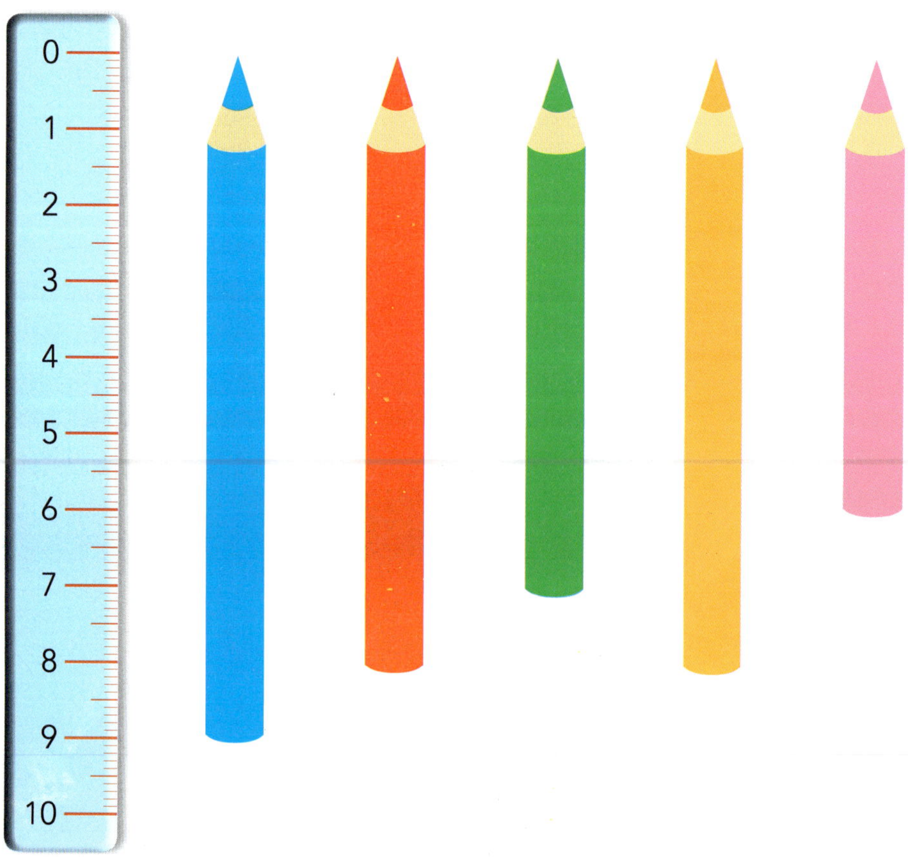

Il pastello verde misura .... cm.

Il pastello azzurro misura .... cm.

Il pastello giallo misura .... cm.

Il pastello rosso misura .... cm.

Il pastello rosa misura .... cm.

MISURARE IL PESO E LA CAPACITÀ

➔ Osserva le immagini e completa le frasi scrivendo di più, di meno, tanto quanto.

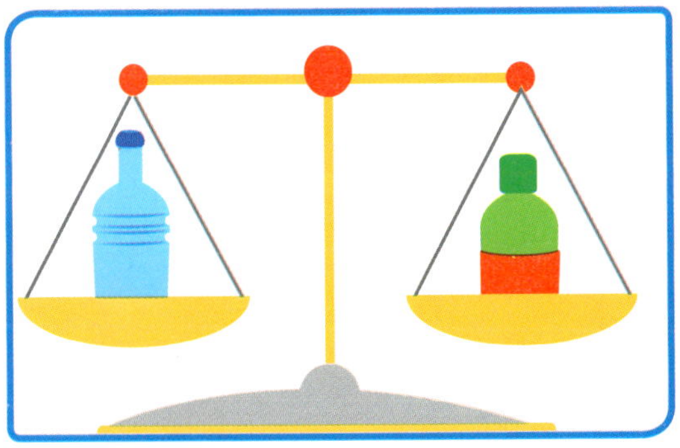

La borraccia pesa .... la bottiglia.

La palla pesa .... della maschera.

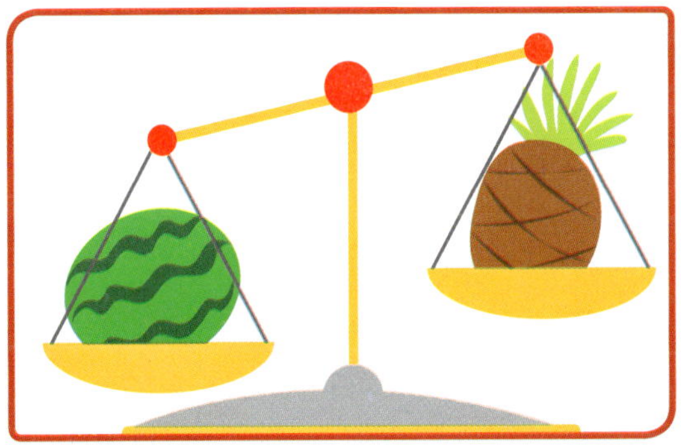

L'ananas pesa .... dell'anguria.

➔ Cerchia di rosso l'oggetto più pesante e di blu quello meno pesante.

➔ Cerchia di rosso il recipiente che può contenere più liquido e di blu quello che può contenere meno liquido.

➔ Numera i bicchieri da 1 a 6, da quello che contiene più liquido a quello che contiene meno liquido.

CHE ORA È?

➔ Osserva gli orologi e completa. Segui l'esempio.

Ore **6:30**
Ore **18:30**

Ore ....
Ore ....

Ore ....
Ore ....

Ore ....
Ore ....

➔ Osserva gli orologi, scrivi che **ora** indicano nei due diversi momenti e rispondi alle domande.

PRIMA

Ore ....

DOPO

Ore ....

Quanti minuti sono passati?

....

PRIMA

Ore ....

DOPO

Ore ....

Quanto tempo è passato?

....

L'EURO

➔ Conta e completa le frasi, poi rispondi alle domande.

VITTORIA	LUCIA	MONICA
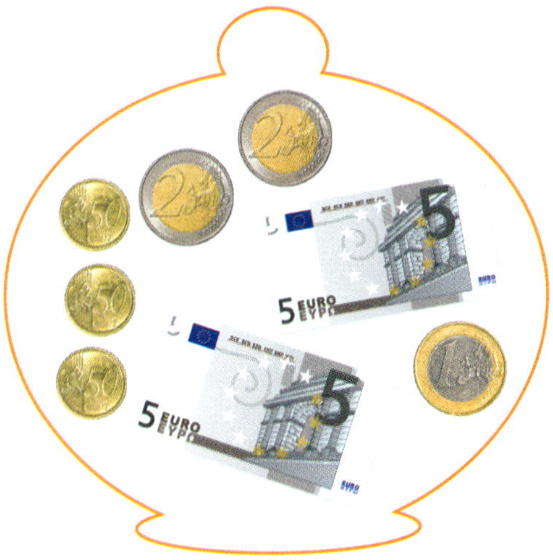		
Vittoria ha conservato	Lucia ha conservato	Monica ha conservato ....

Chi ha più denaro? .... Chi ha meno denaro? ....

➔ Conta e rispondi alle domande.

Quanto manca per arrivare a 30 €?

....

Quanto manca per arrivare a 100 €?

....

CERTO, POSSIBILE, IMPOSSIBILE

Osserva le immagini, leggi e indica con una ✗ se è certo (C), possibile (P) o impossibile (I).

Luca farà goal e la sua squadra vincerà la partita.

C P I

Marco arriverà in spiaggia alle 10:15.

C P I

Dopo la primavera viene l'estate.

C P I

Laura mangerà un gelato al cioccolato.

C P I

Osserva l'immagine, leggi e indica con una ✗ se è certo (C) o impossibile (I).

Se apre il suo salvadanaio, Riccardo trova:

- una banconota da 5 € C I
- una moneta da 1 € C I
- due monete da 50 centesimi di euro C I

IN LUDOTECA

Giorgio ha contato i giocattoli di una ludoteca e ha raccolto i risultati della sua **indagine** in una tabella. Osservala e completa il grafico colorando i giocattoli come nell'esempio, poi rispondi alle domande.

Giocattolo	Automobiline	Aeroplanini	Peluche	Barchette	Elicotterini
Numero	24	8	16	20	12

Legenda:

= 4 automobiline
= 4 aeroplanini
= 4 peluche
= 4 barchette
= 4 elicotterini

Automobiline
Aeroplanini
Peluche
Barchette
Elicotterini

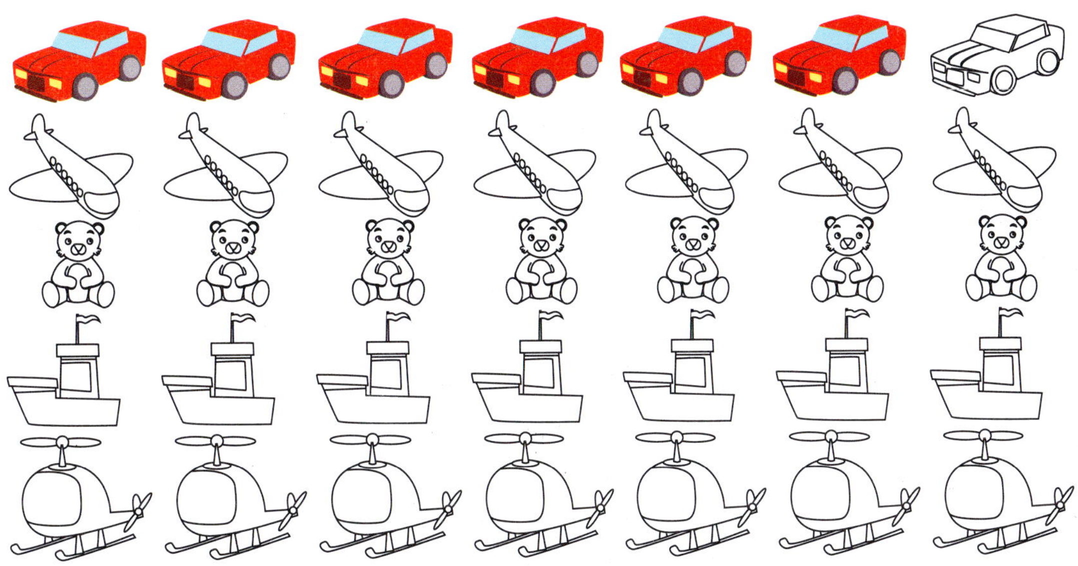

- Qual è il giocattolo più numeroso?

....

- Qual è il giocattolo meno numeroso?

....

PROVA PRELIMINARE

Leggi le parole e metti una croce sul disegno giusto, come nell'esempio.

temperino				
puma				
racchetta				
scoiattolo				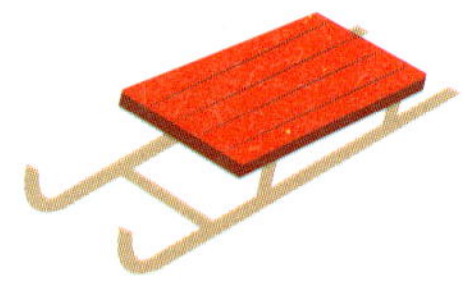
mosca				
chiosco				
pompiere				
trattore	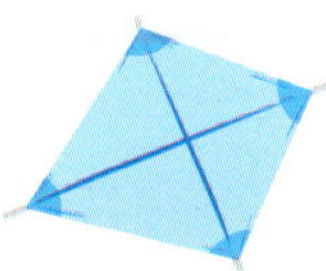			
gallo				

COMPRENSIONE DEL TESTO

Leggi la storia e rispondi alle domande.

La vendetta del corvo

Rimasto a becco asciutto e vista la volpe fuggir via col suo formaggio, il corvo anziché disperarsi cercò di riflettere: «Ecco» pensò «facendomi cantare, la volpe mi ha rubato il formaggio cadutomi dal becco, e adesso sono a digiuno. Cercherò di non cascarci mai più, lo giuro su tutte le penne della mia coda... E, da oggi in poi, cercherò di vendicarmi su tutti gli animali che incontrerò!»

Il primo che vide fu un cane, occupato a rosicchiare un osso davanti alla sua cuccia.

– Ma che bei denti hai, signor cane, perché non me li mostri tutti? – provò il corvo.

Ma il cane gli si avventò contro senza per questo mollare l'osso ben stretto in bocca. Il corvo volò via e più tardi, dall'alto di un muro, vide un gatto, educatamente alle prese con la sua scodella di latte fresco.

– Aiuto, aiuto! – provò a strillare il corvo. – C'è un grosso topo che mi insegue!

Il gatto sollevò la testa, strizzò un occhio, si leccò un baffo e rispose:

– Mi dispiace, amico, ma oggi sono a dieta.

Furioso, il corvo abbandonò le case, i cortili, i villaggi, le strade di campagna, dove circolavano evidentemente animali troppo furbi per lui, e rientrò nella foresta. E lì vide una lepre, occupata a rosicchiare una carota.

– Contessa – incominciò il corvo – mi pare d'aver sentito dei cacciatori da queste parti... Non hai paura di qualche fucilata?

La lepre agitò un attimo le orecchie e rispose: – Cacciatori? Strano. Credevo che questo territorio fosse riserva di caccia. A ogni modo, grazie, mi occuperò di questo problema subito dopo colazione. – E seguitò a consumare la sua bella carota.

Più livido che nero per la rabbia, il corvo volò via, finché vide una piccola volpe beatamente sdraiata al sole. «Questa è parente della ladra che mi rubò il formaggio» pensò subito il corvo «devo vendicarmi, anche se non sta mangiando e malgrado sia giovanissima».
Si avvicinò alla volpe che non lo degnò di uno sguardo.
– Ehi, volpe – disse il corvo come le giunse proprio sotto il naso.
– Preferisci la carne allo spiedo oppure il lesso?
E la volpe: – Il lesso. Allo spiedo mi piacciono solo gli uccelletti, purché non siano corvi.
– Tu vuoi insultarmi! – strillò il corvo.
– No, no – sbadigliò la volpe. – È che la tua carne pare sia troppo dura.
– Dura? Duro a me, che sono tenero come un agnello? – strepitò il corvo furioso. – Mordi qua, prova.
– Se proprio vuoi... – si rassegnò la volpe. E azzannò il corvo al collo, lo trascinò nella tana depositandolo davanti a sua madre che guardò, giudicò, scosse la testa, poi disse: – Figlia mia, quanto hai ancora da imparare! Perdere tempo con un corvo, alla tua età, con tutto quello che c'è da fare! Su, mangia questo pezzettino di formaggio, lo sai che è già mezzogiorno?

Giovanni Arpino, *Quattordici racconti*, Mondadori

1. Chi è il protagonista della storia?
   - ▢ A) Un corvo.
   - ▢ B) Una volpe.
   - ▢ C) Un cane.
   - ▢ D) Una lepre.

2. Perché il corvo è "rimasto a becco asciutto" (rigo 1)?

....

....

....

3. Qual è il primo animale visto dal corvo?
- ▢ A) Una lepre.
- ▢ B) Un cane.
- ▢ C) Un gatto.
- ▢ D) Un altro corvo

4. Perché il corvo dice al cane: "Ma che bei denti hai, signor cane, perché non me li mostri tutti"?
- ▢ A) Spera che il cane apra la bocca e molli l'osso (così lui può prenderselo).
- ▢ B) Gli fa un complimento per fare amicizia.
- ▢ C) Ha paura e dice la prima cosa che gli viene in mente.
- ▢ D) Lo prende in giro.

5. Che cosa ha tra i denti il cane?
- ▢ A) Un altro corvo.
- ▢ B) Un pezzo di formaggio.
- ▢ C) Una carota.
- ▢ D) Un osso.

6. Quale animale beve del latte fresco?
- ▢ A) Il cane.
- ▢ B) Il gatto.
- ▢ C) La lepre.
- ▢ D) Un altro corvo.

7. Che cosa pensa il corvo quando vede la piccola volpe beatamente sdraiata al sole?

....

....

8. Al rigo 28 si legge: "Più livido che nero per la rabbia, il corvo volò via". Che cosa significa "livido"?

- ☐ A) Pieno di lividi.
- ☐ B) Raggiante per la gioia.
- ☐ C) Viola per la collera.
- ☐ D) Invidioso.

9. Che cos'è una "riserva di caccia" (rigo 25)?

....

....

10. Chi è il corvo che compare alla fine della storia?

....

....

GRAMMATICA

1. Da uno a tanti. Completa le tabelle.

uno		tanti	uno		tanti
falce	➜	....	alga	➜	....
arco	➜	....	riga	➜	....
noce	➜	....	fango	➜	....
bocca	➜	....	sugo	➜	....

2. Indica con una ✘ se le parole sono sinonimi o contrari.

	Sinonimi	Contrari
veloce • lento		
simpatico • divertente		
amaro • dolce		
morbido • duro		
astuto • furbo		

3. Indica con una ✘ se le parole che compongono la frase che segue sono nomi, articoli, aggettivi o verbi.

Il bambino mangia una bella mela rossa.

	Nome	Articolo	Aggettivo	Verbo
Il				
bambino				
mangia				
una				
bella				
mela				
rossa				

MATEMATICA

1. Osserva la sequenza.

45 ➜ …….. ➜ 63 ➜ 72 ➜ 81

Quale numero manca?

- A) 55
- B) 50
- C) 54
- D) 60

2. Osserva la seguente moltiplicazione.

13 x …… = 78

Quale numero manca?

- A) 6
- B) 5
- C) 4
- D) 7

3. Riscrivi i seguenti numeri dal più grande al più piccolo.

86	68	178	113	101	110	170
……..	……..	……..	……..	……..	……..	……..

4. Completa con il simbolo giusto (>, <, =).

120	……….	120
119	……….	109

123	……….	132
78	……….	87

152	……….	125
128	……….	127